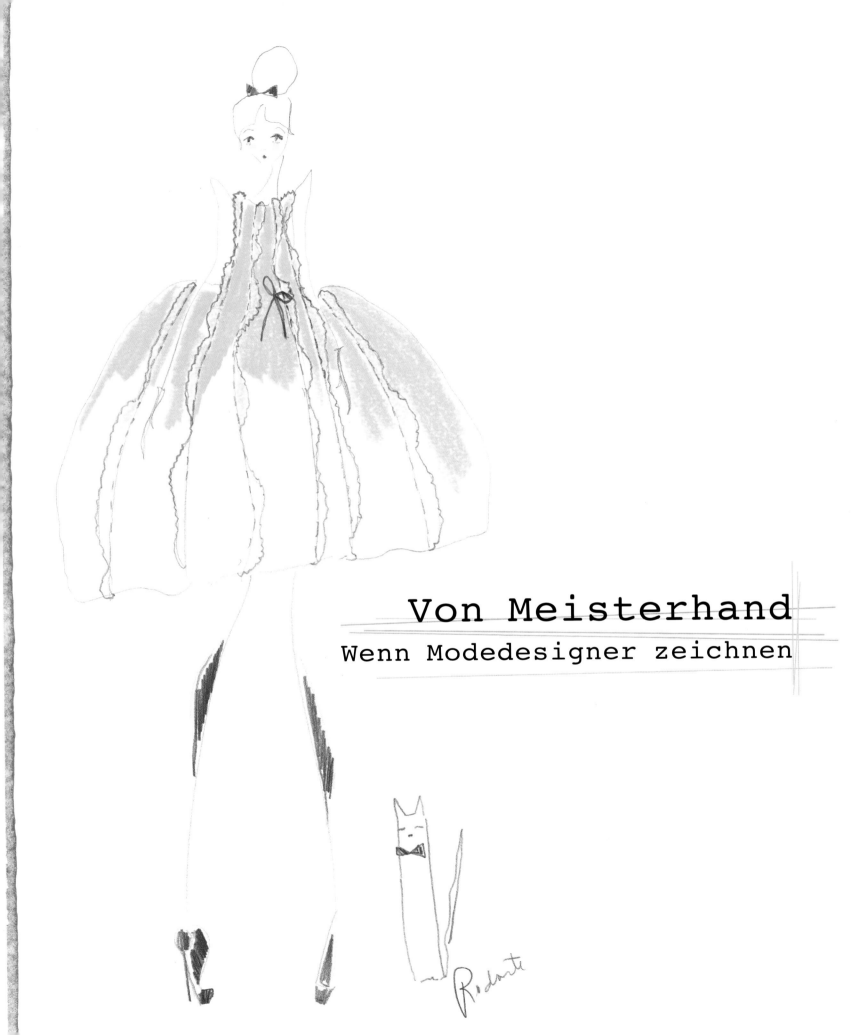

Von Meisterhand

Wenn Modedesigner zeichnen

Laird Borrelli

Von Meisterhand
Wenn Modedesigner zeichnen

mit 280 Zeichnungen, davon 200 in Farbe

COLLECTION ROLF HEYNE

Seite 1: Rodarte, Buntstift und Tusche auf Papier, 2007
Seite 2: Molly Grad, Aquarellfarbe, Tusche und Bleistift
auf Papier, 2005
Rechts: Cary Graham, Gouache, Zeichenstift und Tusche
auf Papier, Herbst 2007

Die Originalausgabe erschien 2008 unter dem
Titel *Fashion Illustration by Fashion Designers* bei
Thames & Hudson Ltd, London

2. Auflage 2011

Copyright der deutschsprachigen Ausgabe © 2008 by
Collection Rolf Heyne GmbH & Co. KG, München

Übersetzung: Ursula Held
Redaktion: Werner Wahls
Satz: Werbeagentur Sabine Dohme, Planegg/München
Druck und Bindung: C & C Offset Printing Co. Ltd

Printed in China

ISBN 978-3-89910-380-9

www.collection-rolf-heyne.de

Inhalt

Einleitung

Christian Lacroix
Tusche und Aquarellfarbe auf Papier
Haute Couture Frühling/Sommer 2003

Modeschöpfern fehlt es nicht an Worten, wenn man sie über das Zeichnen von Entwürfen befragt. Für die einen ist es fast ein Mythos, andere bedauern das Verschwinden. Glücklicherweise ist das vorliegende Buch der beste Gegenbeweis dafür.

Modedesigner, die selbst zeichnen, begeistern sich oft für die Skizzen ihrer Kollegen. Bruno Frisoni und Michael Vollbracht bewundern die schwungvollen Zeichnungen von Yves Saint Laurent, und Igor Chapurin liebt die dramatischen Entwürfe des kürzlich verstorbenen Gianfranco Ferré. Für viele Modeschöpfer sind Egon Schiele und Antonio Lopez Vorbilder. Christopher Kane findet zum Beispiel die Ungezwungenheit von Kinderbildern faszinierend, und Tsumori Chisato verrät, dass sie zu Tove Jansson aufschaut, der Mutter der Mumins.

Ein zeichnerischer Entwurf ist natürlich keine Voraussetzung für die Gestaltung von Mode. »An erster Stelle steht immer der Stoff, und dann kommt die Skizze. Chanel hat grundsätzlich keine Zeichnung angefertigt«, erinnert uns Vollbracht. (Interessanterweise berichtet uns John Calapinto in seinem 2007 im *New Yorker* erschienen Porträt über Karl Lagerfeld dagegen, der Designer betrachte seine Kollektionen »aus einer Art platonischen Distanz, in Form von farbigen Papierzeichnungen. Er kommt nur selten mit den Stoffen in Berührung«.) Einer der Modedesigner, die ich um einen Beitrag für dieses Buch bat, lehnte mit folgender Begründung ab: »Ich zeichne zwar, aber so schlecht, dass ich mich kaum traue, es meinen Assistenten zu zeigen!«

Von Meisterhand ist das dritte Buch meiner Serie über zeitgenössische Illustration, aber es unterscheidet sich wesentlich von seinen Vorgängern, da die Beteiligten als Modedesigner und nicht als Werbezeichner arbeiten. Die hier vorgestellten Arbeiten stammen daher auch aus einem ganz anderen Kontext als jene in *Fashion Illustration Now* und *Fashion Illustration Next*. Die meisten Bilder aus diesen beiden Büchern waren für die Veröffentlichung in Mainstream-Blättern, Firmenbroschüren oder in der Werbung gedacht. Zwar haben viele der Illustratoren Mode studiert, aber nur wenige arbeiten in diesem Bereich. Die Künstler, die zum vorliegenden Werk beigetragen haben, sind dagegen international anerkannte Modedesigner.

Als Beitrag für dieses Buch haben sie einfach ein paar Entwürfe von ihrer Ideen-Pinnwand abgenommen, oder sie haben

Blätter aus einem der unordentlichen Stapel gezogen, die sich in den Ecken ihrer sonnigen Ateliers zwischen bunten Stoffen türmen. An einige Zeichnungen war gleich ein Stoffmuster geheftet, andere sind Computer-Scans oder wurden einem vorbildlichen Ordnungssystem entnommen. Es gab aber auch Designer – so die New Yorker Künstlerin Susan Cianciolo oder Christian Wijnants aus Antwerpen –, die uns ihre unschätzbar wertvollen privaten Skizzenbücher geschickt haben. Bestimmte Zeichnungen wurden freundlicherweise eigens für dieses Buch angefertigt und waren bisher nirgendwo zu sehen.

Ganz gleich, unter welchen Bedingungen die Skizzen entstanden sind, bevor sie dann zu uns kamen: Die meisten waren nicht zur Veröffentlichung gedacht. Es sind Arbeitsdokumente und äußerst persönliche, wenn nicht intime Formen des Ausdrucks. Die frühere Werbeillustratorin und heutige Modedesignerin Lovisa Burfitt ist nicht die Einzige, die ihre Zeichnungen als ihre »Babys« bezeichnet. So entsteht denn auch ein gewisser Kitzel, wenn man die Bilder betrachtet. »Zeichnen«, erklärt Molly Grant, Absolventin der Central Saint Martins, »ist wie deine persönliche Handschrift. Man erkennt die Gedankenabläufe des Designers.« Bei der Entstehung des Entwurfs war entweder nur der Künstler oder die Künstlerin selbst oder ein Designteam zugegen. Die Skizzen sollten als Arbeitsdokumente zur Inspiration oder Anleitung dienen – sie sind nicht zu verwechseln mit technischen Modezeichnungen oder sogenannten *Croquis*, die alle nötigen Informationen enthalten, um ein Kleidungsstück anzufertigen. Modeskizzen dieser Art sieht man im Grunde nur in Zeitschriften, auf Websites wie www.style.com oder in den Kreativgeschichten der *Women's Wear Daily (WWD)*, einer täglich erscheinenden Zeitung der Modebranche. So war ein Beweggrund für dieses Buch, die weitgehend unbeachtete Illustrationskunst von Modedesignern zu zeigen und ihren individuellen Schaffensprozess nachvollziehbar zu machen.

Die meisten der vorliegenden Arbeiten sind von Hand gezeichnet. »Mit der Skizze«, sagt der in London lebende Südafrikaner Antonio Ciutto, »beginnt die stoffliche Ausführung.« Die handgefertigten Skizzen stehen im Kontrast zum Großteil der Arbeiten, die ich in meinen vorangegangenen Büchern vorgestellt habe, denn diese sind am Computer entstanden oder zu-

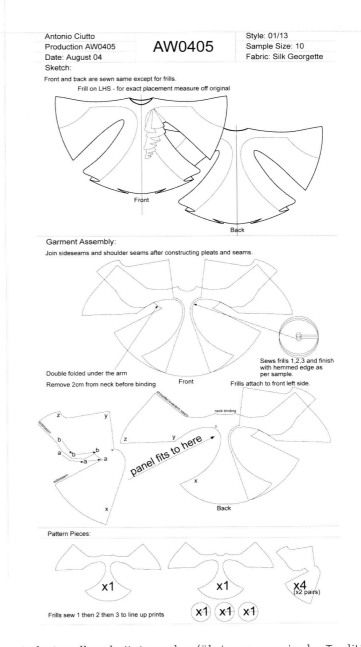

mindest endbearbeitet worden (übrigens ganz in der Tradition der Modebranche, die schon früh, etwa ab 1600, Druckplatten verwendete). Dem Kunden geht anschließend eine Datei mit dem fertigen Produkt zu. Eine Herstellungsweise, die unsere Konzeption von einem Kunstwerk erschüttert – vor allem, da der eigentliche Zweck des kommerziellen Modedesigns die Reproduktion ist. »Computer sind mir fremd«, sagte denn auch eine der Beteiligten an diesem Buch – und war damit nicht die Ein-

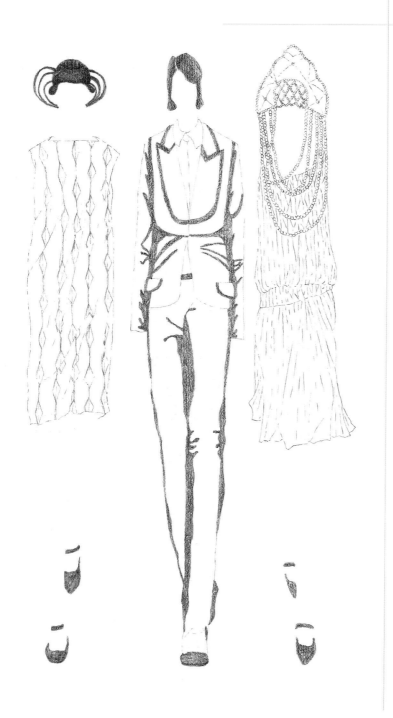

Alena Akhmadullina
Bleistift auf Papier, Frühjahr 2006

zige. Modeleute allgemein haben sich nicht gerade auf die neuen Technologien gestürzt, viele von ihnen bleiben ganz bewusst beim Althergebrachten. »Was das Zeichnen angeht, bin ich gerne altmodisch«, sagt Molly Grad, deren bevorzugte Hilfsmittel Bleistift und Tusche bleiben.

Der Franzose Gilles Rosier dagegen ist offen für Neues. »Ich zeichne per Hand – bis auf weiteres«, meint er. Bruno Basso und Christopher Brooke beschreiben ihre Arbeiten als »eine Mischung aus traditionellen und neuen Techniken«. Sonia Rykiel, Strickmode-Designerin aus Paris, nutzt den Computer für die Farbgebung, und die in Serbien geborene Designerin Roksanda Ilincic verbindet die digitalen Möglichkeiten mit traditionellem Handwerk. Auch Collagen sind eine beliebte Technik. »Mit der Hand«, erklärt Antonio Ciutto, »bekommt man die Dinge schneller aufs Papier«, aber »der Computer hilft bei der Ausarbeitung.«

Ab Ende der zwanziger Jahre wurden Modezeichnungen immer mehr von Modefotografien verdrängt, die Frage nach dem Konflikt zwischen Mensch und Maschine gewann immer mehr an Bedeutung. Auch ich habe die beteiligten Künstler gefragt, was ihrer Ansicht nach eine Zeichnung besser ausdrücken kann als ein Foto. Der extrovertierte Holländer Bas Kosters antwortete: »Die Skizze kann eine intime Atmosphäre schaffen. Sie ist fühlbar.« Antonio Berardi erklärte: »Zeichnen ist klarer und direkter. Es verlässt sich nicht auf Tricks und Technik und ist damit wohl der ehrlichste Weg, ein Gefühl auszudrücken.«

Was schätzen Designer an der Kunst des Zeichnens? Manche mögen die einfache und schnelle Art, ihren Ideen Form zu geben. Skizzen sind so im Grunde ein manueller Download vom Gehirn aufs Papier. »Mit einer Zeichnung lässt sich die Realität besser erfassen«, meint der Schuhdesigner Bruno Frisoni. »Man kann direkt wiedergeben, was man im Kopf hat. Es ist eine sinnliche Erfahrung.« Wenn es darum geht, das Verhältnis der Zeichnung zum fertigen Kleidungsstück einzuschätzen, sind die Modeschöpfer allerdings verschiedener Meinung. Für einige ist die Skizze nur der Ausgangspunkt. »Der Entwurf ist eine Idee, eine Absicht«, erklärt Christian Lacroix. »Viele Zeichnungen sind einfach nur Notizen oder Merkzettel, eine Übung für Hand und Geist.« Der in Moskau lebende Designer Denis Simachëv sagt: »Natürlich gibt es eine Verbindung zwischen der Skizze und dem

Bruno Frissoni für Roger Vivier
»London Event«
Marker und Buntstift auf Papier,
April 2006

Sonia Rykiel
Eigens für dieses Buch
angefertigte Zeichnung
Tusche auf Papier, 2007

fertigen Kleidungsstück, aber der Unterschied ist erheblich. Die Zeichnung wird mehrmals verändert, denn die Realität diktiert, welche Details angepasst werden müssen.« Hervé L. Leroux meint: »Die Skizze macht vielleicht zehn Prozent des gesamten Prozesses aus. Eine gute Zeichnung ist keine Garantie für ein gutes Kleidungsstück. Was mich betrifft, ist der Entwurf nur der Anfang. Ein Kleidungsstück erwacht erst dann zum Leben, wenn man mit Stoff und Volumen in drei Dimensionen arbeitet.«

Roksanda Ilincic ist da anderer Ansicht: »Das fertige Kleidungsstück ist wie die dreidimensionale Zeichnung. Ich mag es, den Prozess zu beobachten – der Stimmung des Entwurfs zu folgen, wenn er sich in ein reales Kleidungsstück verwandelt, lebendig wird und eine zweite Existenz bekommt.« Der aus Malaysia stammende und heute in New York lebende Designer Zang Toi stimmt zu: »Die meisten meiner Kleider sehen auf dem Laufsteg zu fast genauso aus wie auf dem Entwurf.« Chapurin betrachtet die Skizze und das fertige Stück als »Zwillinge«. Und der New Yorker Gary Graham stimmt ein, wenn er sagt: »Die Entwurfsphase ist oft die interessantere. Das fertige Kleidungsstück ist nur eine von vielen möglichen Realisierungen.«

Besitzt der Stift also mehr Macht als die Schere? Viele zeichnende Designer sehen eine Faszination darin, wie der Stift (oder

auch die Maus) die Rolle eines Mediums übernimmt, mit dem nicht greifbare Gedanken und Gefühle in etwas Konkretes und Körperliches übersetzt werden. »Ich zeichne, wie ich spreche ... wie von selbst«, meint Sonia Rykiel. Viele Designer aber fertigen zahllose Skizzen an, bevor sie eine an das Atelier weitergeben. Der Künstler Howard Tangye, der Modedesign und Zeichnen lehrt, vergleicht das Erlernen dieser Kunst mit dem Erlernen des Klavierspiels – nur, dass man sich nicht an Noten halten muss. Auch ist keine vorstehende Hüfte, keine Schwerkraft und kein mageres Model im Weg. Der Fantasie sind nur durch die Papierränder Grenzen gesetzt (obwohl Rossella Tarabini uns erzählte, sie zeichne auch auf Wänden, Tischen und anderen Flächen!). »Ich glaube«, sagt Tangye, »Zeichnen gehört zu den besten Werkzeugen des Designers. Es ist schon etwas Besonderes, ein herausragender Illustrator zu sein.«
Laird Borrelli, New York

Tusche auf Papier, Herbst 2007

Tusche auf Papier, Frühjahr 2007

3.1. Phillip Lim

Phillip Lim erinnert sich, dass er schon im Kindergarten gerne gezeichnet hat (damals aber am liebsten Pferde). In Kalifornien aufgewachsen und ausgebildet, lebt er seit 2004 in New York. Schnell füllen seine einfachen, linearen Skizzen von Kleidern, Mänteln und Jacken das Papier – alle mit einem feinen Tuschestift gezeichnet. Seinen ersten Abstecher in das Gebiet der Modezeichnung machte Lim als Assistent. »Ich musste zeichnen, um meinen Job nicht zu verlieren«, erzählt er. Jetzt, da sein Stern am Modehimmel aufgeht, betrachtet er seine Zeichnungen als »Landkarte zum endgültigen Kleidungsstück. Sie sind eine Art Kompass auf dem Weg dorthin.«

Tusche auf Papier, Frühjahr 2007

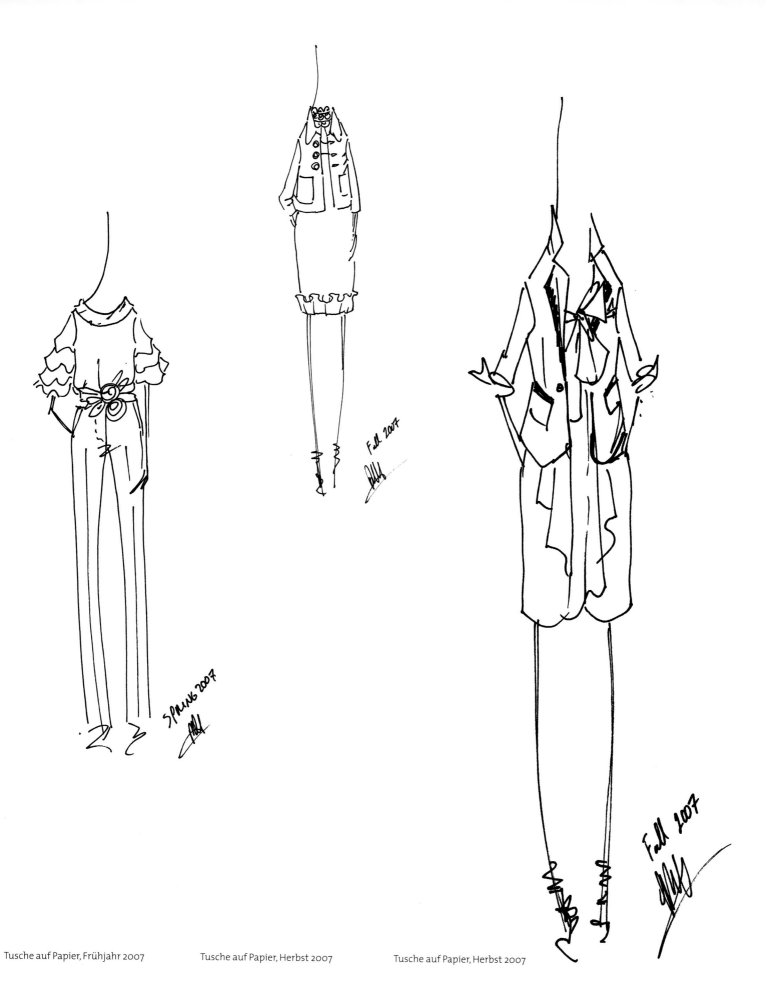

Tusche auf Papier, Frühjahr 2007

Tusche auf Papier, Herbst 2007

Tusche auf Papier, Herbst 2007

12 3.1 Phillip Lim

Tusche auf Papier, Sommer 2007   Tusche auf Papier, Urlaub 2006

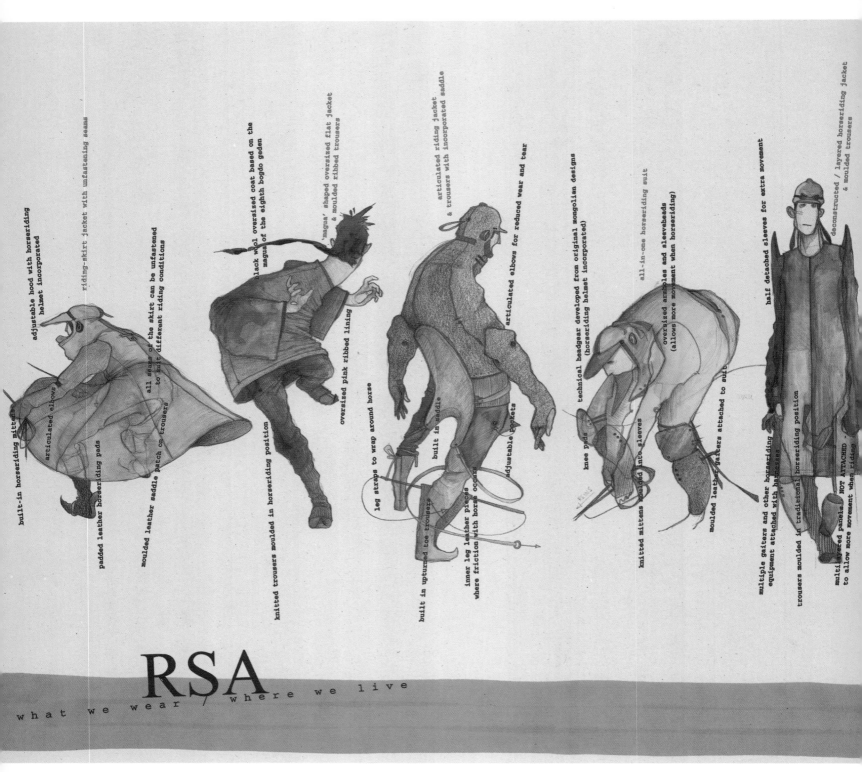

adjustable hood with horseriding helmet incorporated

riding-skirt jacket with unfastening seams

built in horseriding mittens

articulated elbows

padded leather horseriding pads

moulded leather saddle patch on trousers

all seams of the skirt can be unfastened to suit different riding conditions

black wool oversized coat based on the magua of the eighth bogdo gegen

knitted trousers moulded in horseriding position

'magua' shaped oversized flat jacket & moulded ribbed trousers

oversized pink ribbed lining

articulated riding jacket & trousers with incorporated saddle

articulated elbows for reduced wear and tear

leg straps to wrap around horse

built in saddle

inner leg leather pieces where friction with horse occurs

built in upturned toe trousers

adjustable pockets

technical headgear developed from original mongolian designs (horseriding helmet incorporated)

all-in-one horseriding suit

knee pads

oversized armholes and sleeveheads (allows more movement when horseriding)

knitted mittens moulded into sleeves

moulded leather gaiters attached to suit

half detached sleeves for extra movement

deconstructed / layered horseriding jacket & moulded trousers

multiple gaiters and other horseriding equipment attached with harnesses

trousers moulded in traditional horseriding position

multilayered panels NOT ATTACHED - to allow more movement when riding

RSA
what we wear / where we live

Aitor Throup

»Als Kind«, so Throup, »habe ich ständig Menschen in Bewegung gemalt.« Das tut er noch heute. Denn der Künstler, der das Royal College of Art mit Auszeichnung abgeschlossen hat, hat eine eigenwillige Technik. Er stellt eine Miniatur-Skulptur her, die er mit Stoffen bekleidet. »Die Abnäher und Nähte lasse ich mir von der Struktur vorgeben. Meine Pullover und Jacken sehen auf den ersten Blick aus wie perfekt genäht, aber dann entdeckt man, wie verschoben und scheinbar fehl am Platz die Konstruktionslinien sind.« Was bedeutet seine Mode für ihn? »Dreidimensionale, stoffliche und tragbare Verwirklichungen meiner Zeichnungen und Figuren.«

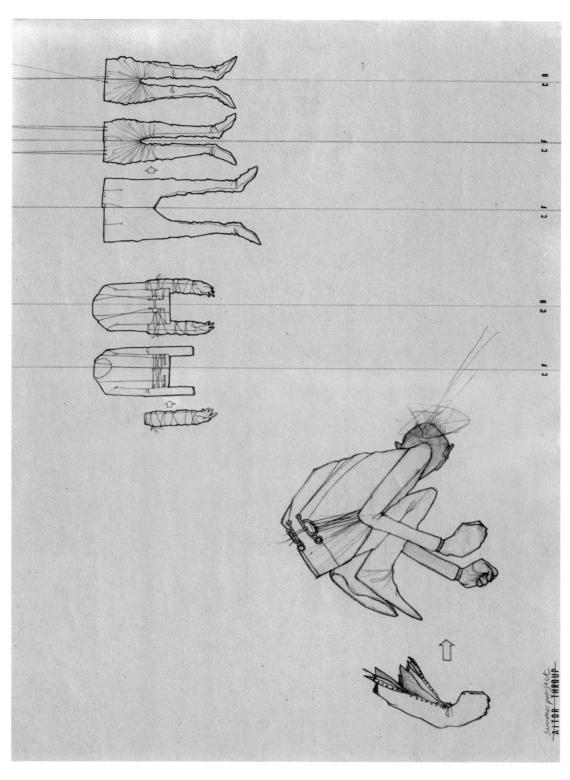

»RSA DESIGN DIRECTIONS«
What We Wear / Where We Live
Bleistift, Aquarellfarbe, Magic Marker
(darüber Computerschrift), 2003

»Still Life #3«
Bleistift, Aquarellfarbe, Stempel
auf Recyclingpapier, 2004

»Manchester 2«
Collage aus Bleistift, Aquarellfarbe,
Tusche, Stoff, Stempeln und Klebeband
auf mehreren zusammengeklebten
Papierstücken, 2004

Oben rechts und gegenüberliegende Seite links:
»Narasimha«-Zeichnungen aus der Serie
»When Football Hooligans Become Hindu Gods«
Bleistift und Aquarellfarbe auf Papier, 2006

Alena Akhmadullina

Alena Akhmadullina hat ihre ersten professionellen Modezeichnungen als Studentin an der Staatlichen Hochschule für Technik und Design in St. Petersburg angefertigt, aber schon lange davor Prinzessinnen in verschiedenen Kostümen gemalt. »Ich glaube, mein erster schöpferischer Akt war eine Zeichnung«, sagt sie. Alena Akhmadullina präsentiert seit 2001 Prêt-à-porter-Mode, und in ihrer Arbeit spielt die Skizze nun eine andere Rolle. Mit der Zeit haben sich ihre Entwürfe der Kollektion auf dem Laufsteg angenähert. »Zeichnen ist immer eine Suche, ein Verweben von gedanklichen Bildern mit der Realität. So kann man seine Ideen am besten festhalten.«

Alle Bilder
Bleistift auf Papier, Frühjahr 2006

ANNA MOLINARI

Eigens für dieses Buch angefertigte Arbeit
Collagetechnik / Computerbearbeitung,
Frühjahr 2007

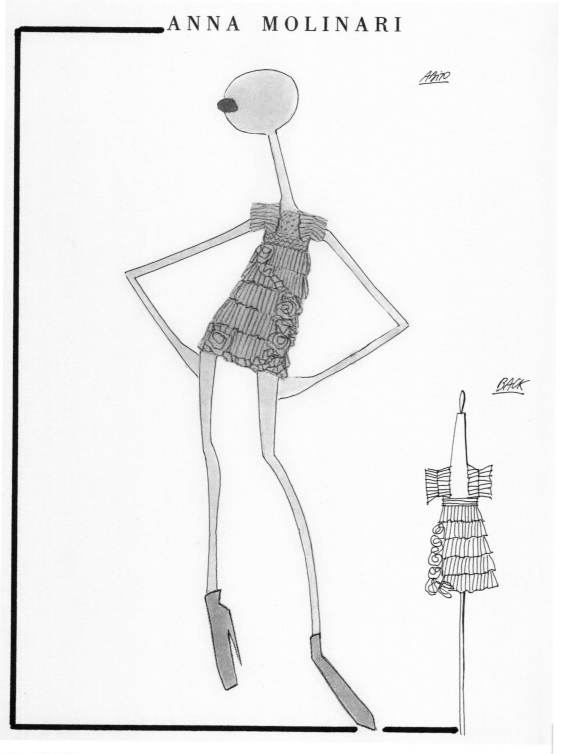

ABITO

BACK

Anna Molinari (Rossella Tarabini)

Rossella Tarabini, die aus Capri stammt und in England und Italien Kunst studiert hat, arbeitet seit 1995 als Designerin für Anna Molinari. Zuvor war sie als Art-Direktorin für das Familienunternehmen Bluemarine tätig. Sie hat ein natürliches Talent für das Zeichnen, und nutzt Skizzen, um ihre Vorstellungen anschaulich zu machen. Aber Rossella räumt ein, dass zwischen dem ersten Entwurf und dem endgültigen Kleidungsstück »Welten liegen können«. »Manchmal wird aus einem beeindruckenden Entwurf ein enttäuschendes Kleid«, erzählt sie, »und dann wieder kommt man von einer unbefriedigenden Zeichnung zu einem schönen und tragbaren Stück.«

ANNA MOLINARI PRIMAVERA ESTATE 2004

TACCO TRASPARENTE ???

Tusche auf Papier,
Frühjahr 2004

22 Anna Molinari (Rossella Tarabini)

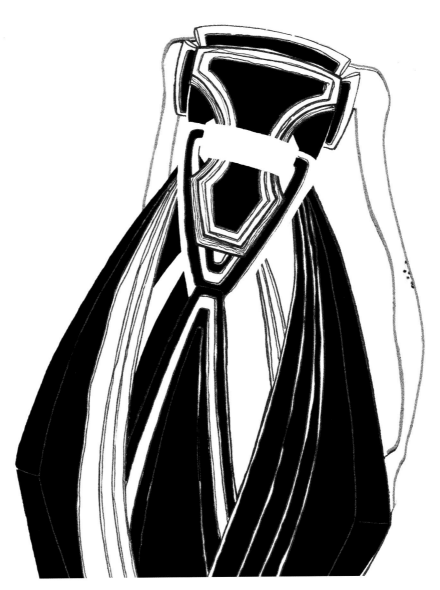

Antonio Berardi

Bevor Antonio Berardi (ein britischer Designer mit italienischen Wurzeln, der an der Central Saint Martins in London studiert hat) bei John Galliano in die Lehre ging, hatte er in Sachen Mode bereits viel von seiner älteren Schwester Piera gelernt. »Ich schaute mir ihre Illustrationen an und versuchte dann, ihr nachzueifern«, erzählt er. »Das Zeichnen ist der wichtigste Teil meiner Arbeit. Mit den ersten Skizzen bestimme und konkretisiere ich meine Ideen für die Saison. Diese kreative Phase empfinde ich als meditativ und anregend zugleich.«

»Gypsy«
Bleistift und Photoshop auf Papier,
Herbst / Winter 2005–2006

»Religion«
Bleistift, Kohle, Tempera, Pastellkreide
und Tusche auf Papier,
Frühjahr / Sommer 2007

»Japan«
Bleistift, Kohle, Wachskreide und
Photoshop auf Papier,
Frühjahr / Sommer 2007

»Bordello«
Selbstklebendes Buntpapier und Tusche
auf Papier, Frühjahr / Sommer 2003

»Les Incroyables«
Bleistift und Kohle auf Papier,
Frühjahr / Sommer 2005

Auszug aus dem Skizzenbuch
Collage, Bleistift und Aquarellfarbe,
Frühjahr / Sommer 2005

Auszug aus dem Skizzenbuch
Zeichenstift mit schwarzer Tusche auf
Skizzenpapier, auf ein digitales Foto
übertragen, 2002, für die
Frühjahr / Sommer-Kollektion 2003

Antonio Ciutto

»Ich zeichne ständig«, sagt Antonio Ciutto. Der in London lebende Südafrikaner war 2006 Designer-in-residence im Victoria & Albert Museum. Er hat Architektur studiert, bevor er dann das Central Saint Martins mit dem Master abschloss. Antonio Ciutto ist der Ansicht, dass ein Kleidungsstück nur eines von mehreren möglichen »stofflichen Ergebnissen des Zeichenvorgangs« ist. »Mit der Skizze«, sagt er, »beginnt die stoffliche Ausführung. Man kann sie durchdenken und technische Fragen klären.«

Alle Bilder stammen aus Ciuttos Skizzenbuch für
den Master-Studiengang am Central Saint Martins
in London
Zeichenstift mit schwarzer Tusche auf Skizzenpapier, anschließend übereinandergelegt und
fotokopiert, 2000

Badgley Mischka

»Neben der Suche nach dem richtigen Stoff ist die Skizze immer der erste Schritt zu einer neuen Kollektion«, meinen Mark Badgley und James Mischka, die sich als Studenten an der Parsons School of Design in New York kennen gelernt haben und seit 1988 zusammenarbeiten. Die beiden bezeichnen ihre vom alten Hollywood inspirierte Mode gerne als »glamourös«. Da überrascht es nicht, wenn Badgley erzählt, dass er als Kind »Fernsehen schaute und Lucille Balls atemberaubende Fünfziger-Jahre-Kostüme abmalte«.

Tusche auf Papier, Frühjahr 2006

Tusche auf Papier, Frühjahr 2006

»US-Visit«
Farbige Tusche und Bleistift auf Papier,
September 2006

Ohne Titel
Acrylfarbe, farbige Tusche und
Collagetechnik auf Papier, Januar 2006

Bas Kosters

Der holländische Designer – und Illustrator, (Performance-)Künstler, Punk-Musiker – Bas Kosters hat das Fashion Institute Arnhem mit Auszeichnung abgeschlossen. Die Entwurfszeichnung ist für ihn ein wichtiger erster Schritt im Gestaltungsprozess. »Die Skizze«, sagt er, »kann eine intime Atmosphäre schaffen. Sie ist fühlbar.« Für Subtilitäten ist Kosters nicht zu haben. Er will mit seiner Kleidung Geschichten erzählen und glaubt: »Übertreibung macht deine Botschaft noch klarer. Ich bin für klare Worte«, beteuert er.

»Sex, Crime and Suspense«
Bleistift und Kugelschreiber auf Papier,
Herbst 2003

Basso & Brooke

Bruno Basso, ein brasilianischer Grafikdesigner, und Christopher Brooke, Absolvent der Kingston University und des Central Saint Martin, haben sich erst 2003 zusammengeschlossen und gleich den Fashion-Fringe-Preis 2004 für ihre außergewöhnliche, mit Druckmotiven arbeitende Kollektion bekommen. »Die Skizze ist die Phase des Gestaltungsprozesses, in der man Volumen und Formen ohne Schranken ausdrücken kann. Ich hoffe immer, dass das fertige Kleidungsstück die Emotionalität des Entwurfs in sich trägt«, erklärt Brooke.

Alle Abbildungen
»The Garden of Earthly Delights«
Tusche auf Papier, digitale Farbgebung,
Frühling / Sommer 2005

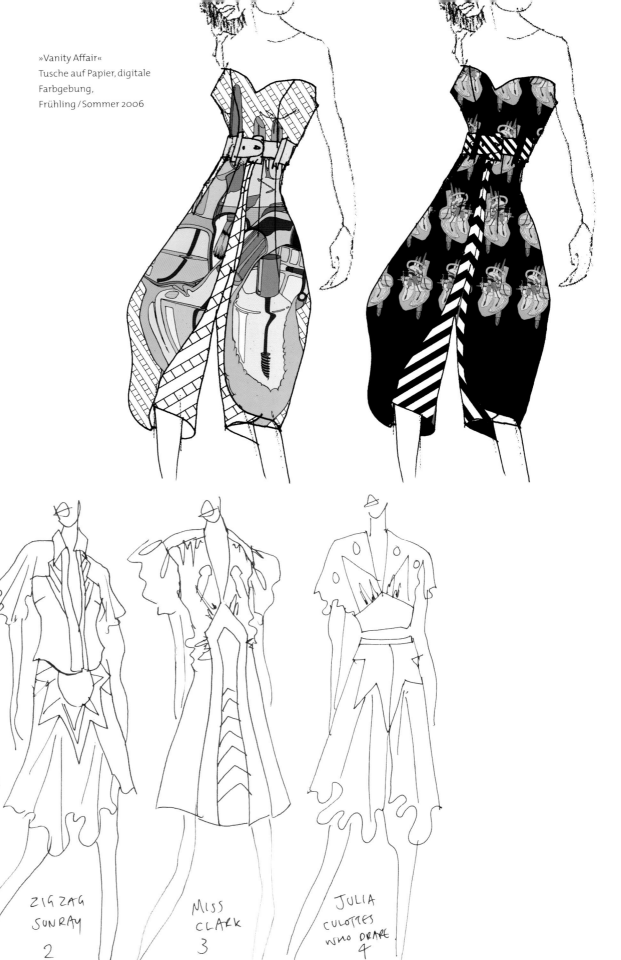

»The Garden of Earthly Delights«
Tusche auf Papier, digitale Farbgebung,
Frühling / Sommer 2005

»The Garden of Earthly Delights«
Bleistift auf Papier, Frühling / Sommer 2005

»Vanity Affair«
Tusche auf Papier, digitale
Farbgebung,
Frühling / Sommer 2006

MADAME
PANEL
SKIRT
1

ZIG ZAG
SUNRAY
2

MISS
CLARK
3

JULIA
CULOTTES
WHO DRAPE
4

Betsey Johnson

»Das Zeichnen«, so die legendäre Betsey Johnson (während der Sechziger war Edie Sedgwick ihr Hausmodel) »war immer ein wichtiger Teil meiner Arbeit. Ich gestalte das Design, die Werbung, die Mailer, den Showroom und die Zeichnungen für jede Kollektion.« Johnson, die aus Connecticut stammt und am Pratt Institute und an der Syra-cuse University studiert hat, ist die jüngste Designerin, die den Coty Award verliehen bekam (1972). 1999 hat die Council of Fashion Designers of America den Timeless Talent Award zu ihren Ehren ins Leben gerufen. »Mit einer Zeichnung«, sagt sie, »kann man die wichtigen Elemente des Designs durch Übertreibung hervorheben.«

»Peace on Your Earth«
Marker auf Papier, 1990er Jahre

Marker und Kreide auf Papier,
1967

Boudicca

»Es gibt keine größere Freude, als die Realisierung einer gedanklichen Vorstellung vor sich zu sehen«, meinen Brian Kirkby und Zowie Broach. Das esoterische Ehepaar steht hinter dem britischen Label Boudicca, benannt nach einer antiken Kriegsgöttin. Ihre Kollektionen erwachsen aus »Keim-Zeichnungen«, und das Paar betrachtet sie als »Geschichten oder kurze Filmszenen, die mal einfach und offensichtlich, dann aber auch komplex und fremd ausfallen können.« Für die beiden ist das Zeichnen »die reinste Form der Kommunikation. Bilder sind die früheste Form der Sprache … der beste Ausdruck unserer Fantasie. Wir studieren die Sprache der Imagination.«

For here the day unravels what the night has woven — PROUST

BOUDICCA

Bruno Frisoni Kollektion
Marker und Buntstift auf Papier,
Frühjahr / Sommer 2007

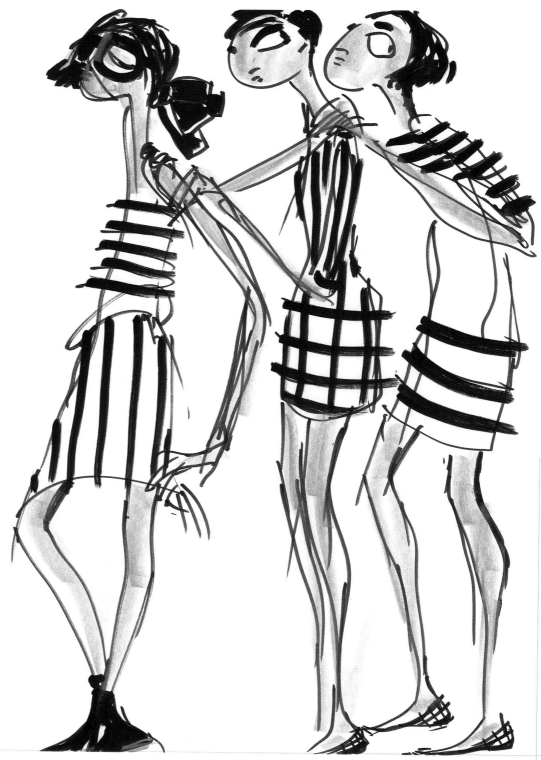

Bruno Frisoni

Der in Italien geborene und in Frankreich aufgewachsene Designer Bruno Frisoni arbeitete für Christian Lacroix und Jean-Louis Scherrer, bis er 1999 seine eigene Kollektion ins Leben rief. 2002 wurde er Kreativ-Direktor bei Roger Vivier. Frisoni zeichnet per Hand – »mit der rechten!« Für seine Schuh-Kollektionen zeichnet er zuerst Modefiguren, denen er dann die passenden Accessoires entwirft. »Die Skizze muss mir gefallen, sonst kann ich nicht weiterarbeiten«, meint Frisoni. »Ich betrachte meine Arbeit als abgeschlossen, wenn das fertige Stück der Zeichnung so gut wie möglich entspricht.«

Alas à
je suis à
l'aise –

Bruno Frisoni für Roger Vivier
Marker und Buntstift auf Papier,
Frühjahr / Sommer 2004

Bruno Frisoni Kollektion
Marker und Buntstift auf Papier,
Herbst / Winter 2007–2008

Bruno Frisoni Kollektion
Marker und Buntstift auf Papier,
Herbst / Winter 2007–2008

Bruno Frisoni für Roger Vivier
Marker und Buntstift auf Papier,
Frühjahr / Sommer 2006

Bruno Frisoni für Roger Vivier
Marker und Buntstift auf Papier,
Frühjahr / Sommer 2004

Bruno Pieters

»Mit einer Zeichnung kann man etwas schaffen, das nicht existiert«, sagt Bruno Pieters, Absolvent der König-lichen Akademie der Künste in Antwerpen. Pieters, der eigentlich Maler werden wollte, stellte 2002 mit großem Erfolg seine erste Prêt-à-porter-Kollektion vor. 2006 bekam er den Stella Contemporary Fashion Award verlie-hen, 2007 gewann er den ANDAM-Award und wurde Art-Direktor bei Hugo Boss. »Ich mache keine technischen Zeichnungen«, sagt er, »ich entwerfe den Gesamteindruck.«

Tusche auf Papier,
Frühjahr / Sommer 2004

Folgende Doppelseite:
Tusche auf Papier, 2001

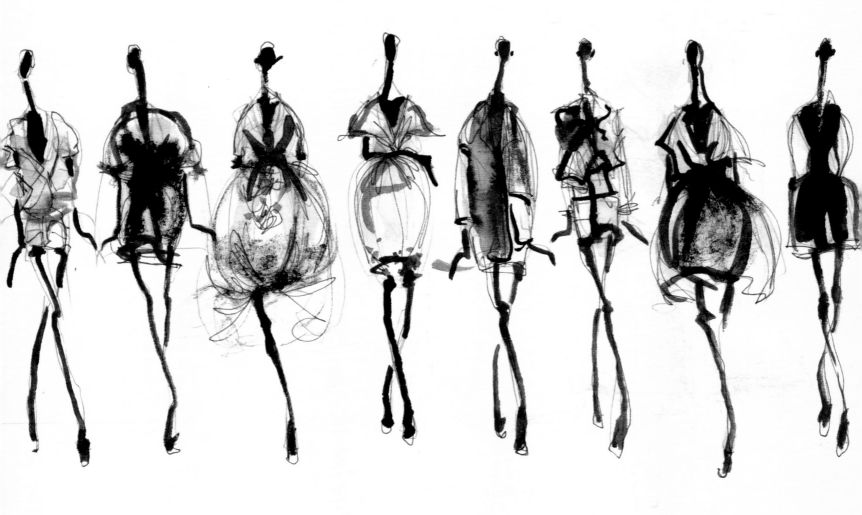

Alle Abbildungen
»People Have The Power«
Bleistift, Tuschepinsel, Buntstift und
Filzstift auf Papier, Frühjahr / Sommer 2007

Burfitt

Lovisa Burfitt hat am Beckmanns College of Fashion und an der Königlichen Hochschule der Künste in Stockholm
studiert. Sie war eine anerkannte Werbezeichnerin, bis sie sich dem Modedesign widmete. 2003 schloss sie sich in
Paris mit Kajsa Leanderson zusammen; die beiden gründeten mit Burfitt eine Modelinie, die ihrer Kunst Ausdruck verleiht. Wenn sie sich ihre Entwürfe ansieht, findet Lovisa die notizengleichen Skizzen, die sie zu Beginn
einer neuen Kollektion anfertigt, »ziemlich schrecklich« (wir möchten hier ausdrücklich widersprechen). Ob es
sich nun um Kunst oder Kritzeleien handeln mag: »Für mich«, sagt sie, »ist das Zeichnen ein Adrenalinstoß!«

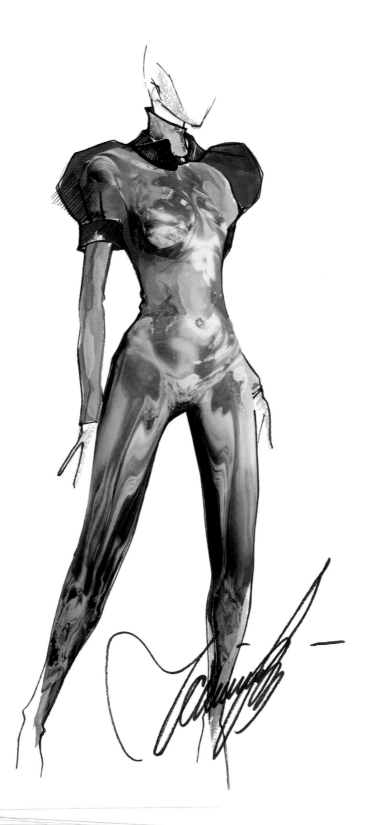

Chapurin

Obwohl Igor Chapurin in einer Künstlerfamilie in Weißrussland großgeworden ist, begann er erst während seiner Militärzeit mit dem Zeichnen von Mode. »Ich glaube, es kommt daher, dass ich dort von allen schönen Eindrücken abgeschnitten war. In mir erwachte der starke Wunsch, mit eigenen Mitteln Schönheit zu schaffen.« Nachdem er 1992 den Nina Ricci-Wettbewerb gewonnen hatte, entwickelte sich Chapurins Unternehmen von der Haute Couture zum Prêt-à-porter mit Accessoires, Gebrauchs-, Ski- und Kinderkleidung. Zu seinen Skizzen meint er: »Ich bin gewissenhaft und entspannt zugleich – gewissenhaft im Konzept und entspannt in meiner Kreativität.«

Tusche auf Papier, Winter 2007   Tusche auf Papier, Frühjahr 2007

Tusche auf Papier, Prêt-à-porter
Frühjahr / Sommer 1989

Gegenüberliegende Seite
Tusche auf Papier, Prêt-à-porter
Herbst / Winter 1999–2000

Christian Lacroix

»Ich habe das Zeichnen nie gelernt«, sagt Christian Lacroix, »aber soweit ich mich erinnere, hatte ich immer einen Block und einen Stift dabei. Es ist für mich Gewohnheit, Bedürfnis und Reflex; selbst ohne Stift und Papier male ich unsichtbare Skizzen mit dem Finger in die Luft, oder mit einem Stock in Sand oder Lehm.« Lacroix stammt aus Arles und ging nach Paris, weil er Konservator in einem Museum werden wollte. Das Schicksal wollte es anders: Er entwarf Kleider für Jean Patou, bis er 1987 sein eigenes Label gründete. »Ich mache mir Notizen, stelle mir meine ideale Welt vor und probiere verschiedene Stimmungen aus, bevor ich eine richtige Zeichnung anfertige.«

Christian Lacroix PAR AH. 09/2000. CL 00

Tusche und Aquarellfarbe auf Papier
Haute Couture Frühjahr / Sommer 2003

Tusche und Aquarellfarbe auf Papier
Haute Couture Frühjahr / Sommer 2007

Tusche und Aquarellfarbe auf Papier
Haute Couture Frühjahr / Sommer 2003

Tusche und Aquarellfarbe auf Papier
Haute Couture Frühjahr / Sommer 2003

Eigens für dieses Buch angefertigte Arbeiten
Bleistift auf Papier, 2007

Christian Wijnants

Wijnants wuchs in Brüssel bei seiner als Kunstlehrerin arbeitenden Großmutter auf und interessierte sich schon für Kunst, lange bevor er sich an der Königlichen Akademie der Künste in Antwerpen einschrieb. Dort erhielt er bereits erste Auszeichnungen für seine Entwürfe. Er entwickelt seine Kollektionen langsam, will »mit Stimmungen und Ausschnitten eine Welt abstecken«. Dann bringt er seine Zeichnungen mit der Hand zu Papier. »Die Hand spürt Gefühle, Zweifel und Unstimmigkeiten auf dem Papier – eine sinnliche Erfahrung. Je nachdem, in welcher Verfassung man ist, ist die Berührung von Stift und Papier anders und beeinflusst so die Zeichnung.«

Gegenüberliegende Seite, oben:
Studien aus dem Skizzenbuch zu Patchwork-
Modellen (Überlagerte Schichten)
Bleistift auf Papier, Frühjahr 2005

Gegenüberliegende Seite, unten:
Studien zu T-Shirt-Drucken
Bleistift und Tusche auf Papier, Frühjahr 2005

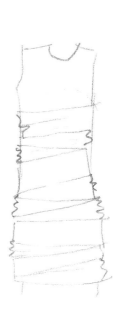
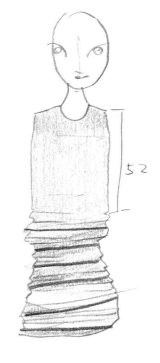

Farbige Strickmode-Skizzen
Buntstift auf Papier, Frühjahr 2005

Zeichenstift und Bleistift auf Papier,
Juni 2006

Zeichenstift und Bleistift auf Papier,
2004

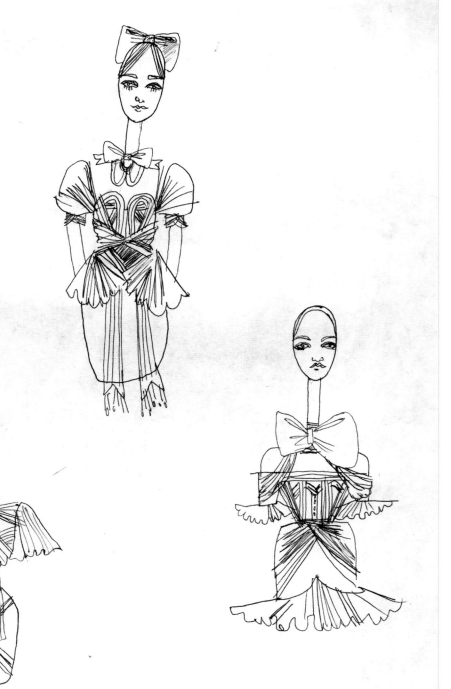

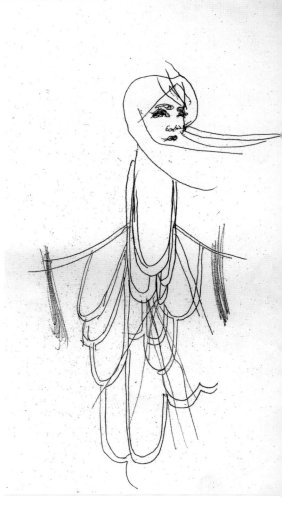

Christopher Kane

»Ich erinnere mich, dass ich schon mit vier oder fünf Jahren nackte und bekleidete Frauen aufs Papier gekritzelt habe. Ich habe mir dann immer Ballkleider mit Schleifen und langhaarige Mädchen vorgestellt.« Christopher Kanes Abschlusskollektion an der Central Saint Martins wurde von Donatella Versace gesponsort. 2006 gewann der schottische Designer den Harrods Design Award und wurde zum »Scottish Designer of the Year« ernannt. Welche Rolle spielt das Zeichnen bei seiner Arbeit? »Die ersten Skizzen machen mir Lust, mit dem Entwerfen der Kleider zu beginnen.«

Zeichenstift und Bleistift auf Papier, 2004

Zeichenstift und Bleistift auf Papier, 2005

Costello Tagliapietra

»Es ist uns sehr wichtig, ein Kleidungsstück auf dem Papier zu durchdenken«, erklärt das Brooklyner Design-Duo Jeffrey Costello und Robert Tagliapietra. Das Nähen haben die beiden von ihren Großmüttern gelernt, die bei Norman Norell beschäftigt waren. Tagliapietra, der Malerei studiert hat, begann erst durch die Kooperation mit Costello mit dem Modedesign. Costello hatte bis dahin für Musiker und Schauspieler Kleidung entworfen. »Interessanterweise sind alle unsere Skizzen schwarz-weiß. Vielleicht, weil Farbe eine so große Rolle für uns spielt und wir lieber am Stoff damit experimentieren, anstatt auf dem Papier.«

Bleistift auf Papier, Frühjahr 2007

Denis Simachëv

Wenn der russische Designer Denis Simachëv ein neues Kleidungsstück entwerfen möchte, fertigt er zuerst eine Zeichnung an. Aber diese Skizze wird auf dem Weg zur Dreidimensionalität »mehrmals verändert, denn die Realität diktiert, welche Details angepasst werden müssen«. Der vielbegabte Designer hat Kunst, Grafik und Bühnenbild studiert, bis er dann die Hochschule für Textil in Moskau abschloss. Anschließend besuchte er Kurse in Spanien und studierte Werbung und Regie am Russischen Filminstitut. Er sagt: »Die Zeichnung gibt einem die Möglichkeit, eine Idee im Moment ihres Entstehens festzuhalten.«

Alle Abbildungen
»Chukotka«
Bleistift auf Papier, Herbst / Winter 2006–2007

Alle Abbildungen
»Chukotka«
Bleistift auf Papier, Herbst / Winter 2006–2007

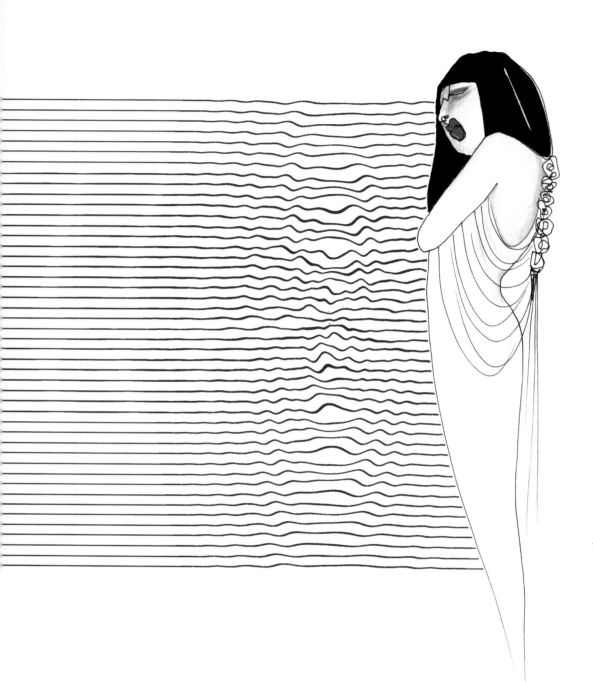

Doo.ri

»Schneidern, schleppen, skizzieren« – so beschreibt Doo-Ri Chung scherzhaft ihren Alltag. Nach Abschluss der Parsons School of Design arbeitete sie als Chef-Designerin für Geoffrey Beene, bis sie dann 2001 eigene Wege ging und ein Atelier im Keller der Reinigung ihrer Eltern einrichtete. Fünf Jahre später gewann sie den Vogue/CFDA Fashion Fund Award. »Beim Zeichnen ist man unheimlich frei«, sagt sie. »Es sind keine Schranken gesetzt außer den Grenzen der eigenen Fantasie.«

Tusche und Buntstift auf Papier,
Frühjahr 2007

Collagetechnik / Computerbearbeitung,
Herbst 2006

Tusche und Buntstift auf Papier,
Frühjahr 2006

Tusche auf Papier,
Herbst 2006

Tusche und Buntstift auf Papier,
Herbst 2007

Collagetechnik / Computerbearbeitung
auf Papier, Frühjahr 2007

Tusche und Buntstift auf Papier,
Frühjahr 2007

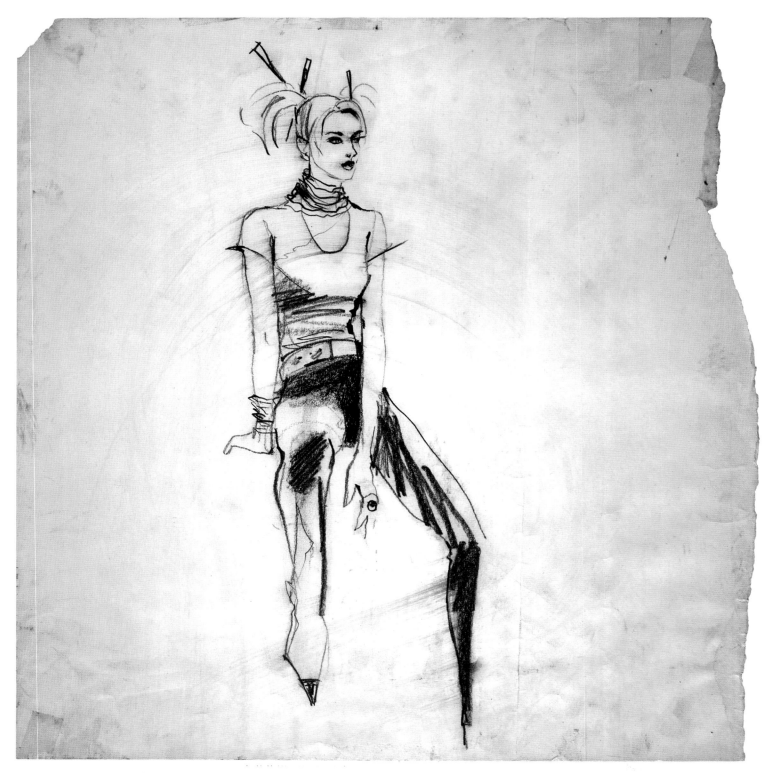

Elise Øverland

Als Kind, erinnert sich die in Norwegen geborene Designerin Elise Øverland, habe sie mit einer Taschenlampe unter ihrem Bett gelegen und den Lattenrost bemalt. Heute wird ihr Talent von Modekennern und Rockmusikern geschätzt, die Øverland für Touren ausstattet. Elise hat an der Academy of Art University in San Francisco und an der Parsons School of Design in New York studiert. »Beim Zeichnen wird der Stift zum Medium meiner innerer Verfassung«, erklärt sie. »Die Linienführung ist wie ein fein gewebter Ausdruck meiner Seele. Man sieht kräftige, dicke Striche der Wut oder schwache, neurotische Linien, die ein Foto nie wiedergeben könnte.«

»Norwicket«
Bleistift auf Papier, 2004

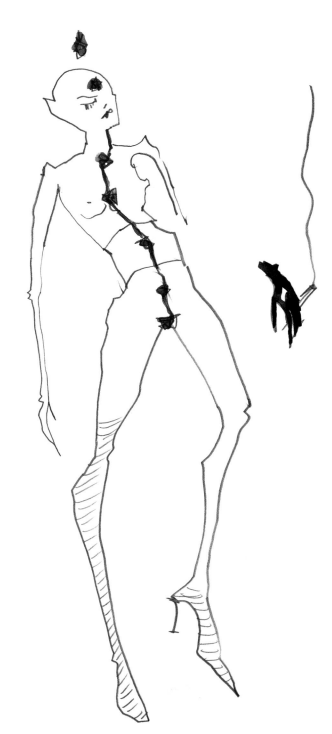

Ohne Titel
Bleistift und Aquarellfarbe, 2006

»What I Want to Wear
For My Presentation«
Bleistift auf Papier, 2007

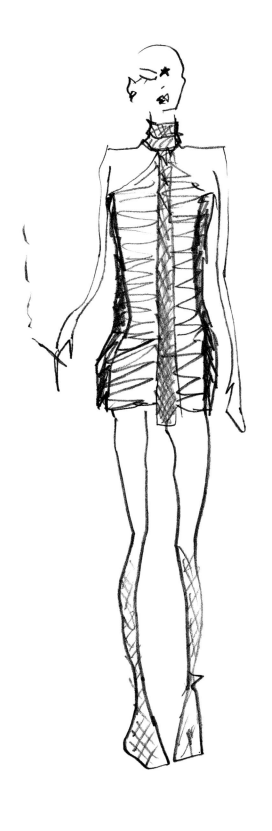

WHAT I WANT TO WEAR
FOR MY PRESENTATION

»Darwin print dress«
Collage, Gouache, Zeichenstift und
Tusche auf Papier, Herbst 2007

»Rope jacket«
Gouache, Zeichenstift und Tusche
auf Papier, Herbst 2007

»Wool jacket, skirt and slip«
Gouache, Zeichenstift und Tusche
auf Papier, Herbst 2004

Gary Graham

Graham ist in Delaware aufgewachsen und erzählt: »Als ich klein war, habe ich die Beine von Pin-up-Mädchen nachgemalt und dachte mir, wenn ich sie einmal perfekt hinbekomme, kann ich wirklich zeichnen.« Er studierte schließlich Kunst am Art Institute in Chicago und gründete 1999 seine eigene Modelinie. »Anfangs habe ich viel mit dem Stoff gearbeitet und wenig gezeichnet«, erklärt er. »Wenn ich an der Form des Kleidungsstücks arbeite, ändert sich noch so viel, dass die ersten Entwürfe oft nichts mehr mit dem endgültigen Design zu tun haben. Aber dieser Prozess hat sich inzwischen gewandelt und ich entwickle immer mehr Ideen zweidimensional.«

Generrra (Pina Ferlisi)

Die aus Kanada stammende Designerin hat als Kind »fasziniert, wie ausdrucksvoll eine Zeichnung sein kann, und wie man die Stimmung einer Figur mit einem Bleistiftstrich verändern kann.« Seit dieser Zeit hat die Absolventin des Sheridan College in Ontario mehr als Stimmungen verändert: Sie hat das Label Marc von Marc Jacobs mit aufgebaut und stand dem Designteam von The Gap vor, bis sie 2006 Kreativ-Direktorin bei Generra wurde. Ihre Entwürfe fertigt Pina Ferlisi per Hand und bearbeitet sie anschließend am Computer. »Meistens habe ich für jede Saison ein bestimmtes Mädchen im Kopf«, sagt sie. »Meine Skizzen werden so zum Medium für meine Muse.«

Alle Abbildungen
Mit dem Computer bearbeitete
Zeichnungen, Frühjahr / Sommer 2007

Bleistift und Tusche auf Papier,
Frühjahr 2007

Bleistift und Tusche auf Papier,
Herbst 2007

Giambattista Valli

Der in Rom geborene Designer Giambattista Valli lebt und arbeitet in Paris, wo er seit 2005 seine eigene Kollektion entwirft. Valli studierte Mode an der Europäischen Designschule in Rom und Illustration am Central Saint Martins in London, bevor er dann bei Roberto Capucci, Fendi, Krizia und Emanuel Ungaro Erfahrungen sammelte. Valli ist fasziniert von Frauen – »von ihrer Art zu laufen, ihrer Haltung, ihren Formen«. Und wie sieht seine ideale Frau aus? »Vielgestaltig.«

Tusche auf Papier,
Herbst 2001

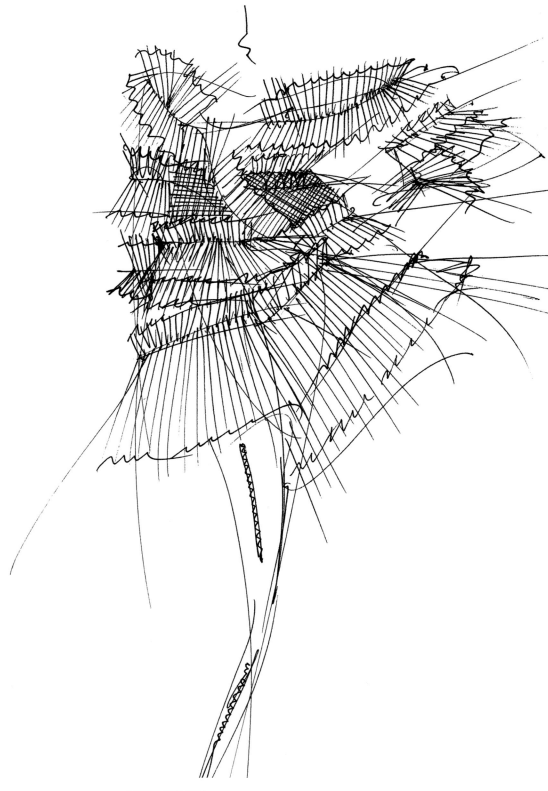

Gianfranco Ferré

»Ich könnte mir nie ein Kleidungsstück vorstellen, das unbewegt auf einem Bügel hängt«, sagte der berühmte italienische Designer einmal. »Ein Umriss mit den wesentlichen Merkmalen wie Schultern, Hüfte und Beinen, die sich zum unteren Papierrand strecken, ist mit ein paar Bleistiftstrichen skizziert, aber sofort als menschliche Figur erkennbar.« Bevor er nach Paris zog und an seiner eigenen Kollektion und für Christian Dior arbeitete, studierte er in Mailand Architektur und entwickelte dort seine Zeichentalent. »Das Zeichnen«, sagte er, bevor er 2007 im Alter von erst 62 Jahren starb, »ist eine immerwährende Leidenschaft, der ich fast vierzig Jahre treu geblieben bin.«

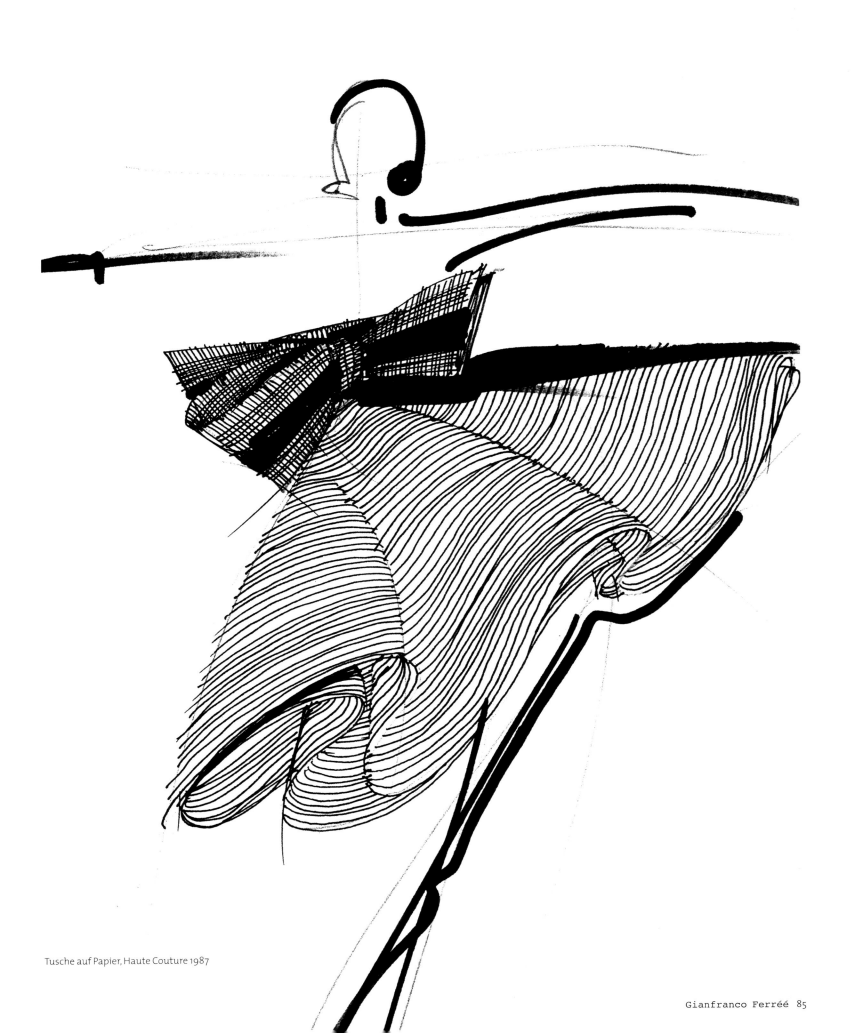

Tusche auf Papier, Haute Couture 1987

Tusche auf Papier, Herbst 1989

Tusche auf Papier, Frühjahr 2002

GIANFRANCO
FERRÉ

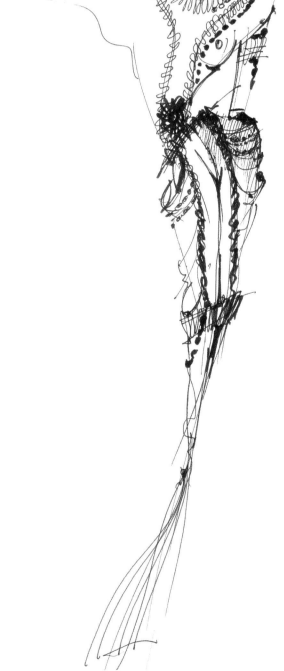

GIANFRANCO
FERRÉ

Tusche auf Papier, Frühjahr 1997   Tusche auf Papier, Frühjahr 2002

Gegenüberliegende Seite:
»Kid A«
Tusche auf Papier, 2006

»Kid B«
Tusche auf Papier, 2006

»Kid C«
Tusche auf Papier, 2006

Giles

»Zeichnen ist für mich Entspannung und Flucht«, sagt der Central Saint Martins-Absolvent Giles Deacon. »Ich versuche, jeden Tag mindestens eine halbe Stunde zu zeichnen.« Deacon gründete 2005 sein eigenes Label und wurde ein Jahr darauf Kreativ-Direktor bei Daks. Erfahrungen sammelte er unter anderem bei Jean-Charles de Castelbajac und Bottega Veneta. »Das Schöne am Zeichnen ist, dass es einen in die Lage versetzt, nicht ständig denken zu müssen: ›Oh je, jetzt muss ein Entwurf her‹. Man macht einfach ein paar Skizzen, und wenn man eine Weile in dieser Welt versunken war, kommt vielleicht etwas ganz Unerwartetes dabei heraus.«

Tank top with slits

Black ivory Vichy Jacket with Spikes and Obi-tie at the back

Tea rose Silk Skirt with Black Elastic band

Beige Safari Jacket with belt crisscrossing at the back

high waisted slim pants

Tribe Collection

Spring/Summer 04 Shirts & Collars in Motion

»Tribe«
Bleistift, Zeichenstift und Tusche auf
Papier, Frühjahr/Sommer 2007

»Shirts and Collars in Motion«
Bleistift, Zeichenstift und Tusche auf
Papier, Frühjahr/Sommer 2004

»Controversy«
Bleistift, Zeichenstift und Tusche auf
Papier, Frühjahr/Sommer 2006

Gilles Rosier

»Ich glaube, ich mag meinen Beruf vor allem auch deshalb, weil ich gerne zeichne«, erklärt der Pariser Designer
Gilles Rosier, der unter anderem mit Guy Paulin, Christian Dior und Kenzo zusammenarbeitete, bis er 2004 mit
einer eigenen Kollektion begann. »Ich möchte, dass das Kleidungsstück mindestens genauso gut aussieht wie
die Skizze – oder besser«, sagt er. »Meine Mode hat mit Haltung und Bewegung zu tun, und ich entwerfe die
Kleider mit einer gewissen Geste, die den ersten Zeichnungen so nah wie möglich kommen soll.«

»Stabat Anima«
Bleistift, Zeichenstift und Tusche auf
Papier, Winter 2006

»Tribe«
Bleistift, Zeichenstift und Tusche auf
Papier, Frühjahr / Sommer 2007

»Tribe«
Bleistift, Zeichenstift und Tusche auf
Papier, Frühjahr / Sommer 2007

»Kiss of the Dragonfly«
Bleistift, Zeichenstift und Tusche auf
Papier, Frühjahr / Sommer 2005

»Shirts and Collars in Motion«
Bleistift, Zeichenstift und Tusche auf
Papier, Frühjahr / Sommer 2004

"Tribe"
Summer 04
Man's inspired
look for
to top

Spring/Summer 04
Collection Tribe

Summer 04
Men's Trousers Jersey

Angled topline
dress with removable
collar & sleeves

Shirts & Collars in
Motion Spring/Summer 04

Givenchy (Riccardo Tisci)

»Ich bin sehr sentimental und zeitweise auch düster«, sagt Riccardo Tisci, seit 2005 Designer bei Givenchy. Tisci stammt aus der Lombardei und ist das jüngste von neun Kindern – und der einzige Junge. Nach dem Abschluss der Central Saint Martins in London arbeitete er für Puma in Deutschland und bei Coccapani und Ruffo Research in Italien, wo er auch eine eigene Kollektion herausbrachte, bis er dann die Stelle in Paris annahm. »Es heißt, ich sei ein Gothic Designer«, sagt er in einem Interview mit Cathy Horyn von der New York Times, »aber das finde ich eigentlich nicht.« Trotzdem gibt er zu: »Ich mag Schwarz, und ich mag Weiß. Alles dazwischen gefällt mir nicht.«

»Sirena«
Bleistift und Tusche auf Papier
Collection La Sirène / Haute Couture
Frühjahr 2007

»Johas«
Bleistift und Tusche auf Papier,
Prêt-à-porter Herbst 2007

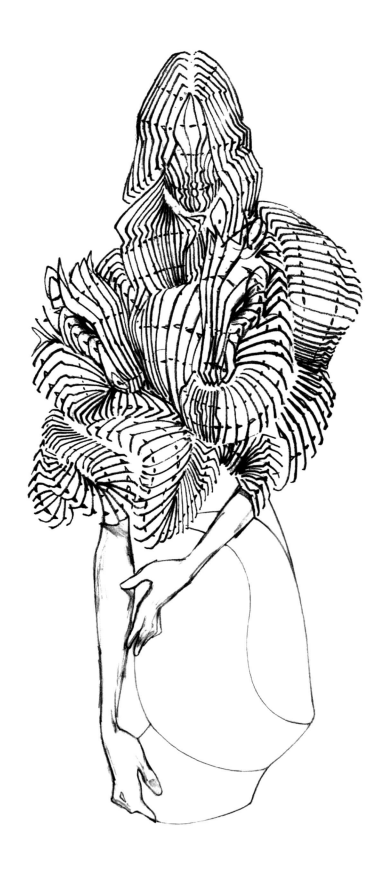

Bleistift auf Papier, Collection
mappermonde / Haute Couture
Herbst 2006

Gustavo Arango

Gustavo Arango ist in Kolumbien geboren und in Puerto Rico aufgewachsen. Seine Begeisterung für Mode führte ihn nach New York, wo er am Fashion Institute of Technology studierte. Anschließend arbeitete er als Assistent bei Pierre Balmain in Paris. Heute entwirft Arango seine eigene Kollektion und pendelt zwischen San Juan und Manhattan. »Ich muss in einer bestimmten Stimmung sein, wenn ich zeichne«, erklärt er. »Ich brauche eine Motivation, eine Inspiration.«

Eigens für dieses Buch angefertigte
Zeichnungen
Bleistift, Marker und Aquarellfarbe
auf Papier, März 2007

Eigens für dieses Buch angefertigte
Zeichnungen
Bleistift, Marker und Aquarellfarbe
auf Papier, März 2007

Hall Ohara

Hall Ohara ist das Label der Central Saint Martins-Absolventen Steven Hall aus England und Yurika Ohara aus Japan. Die beiden verliebten sich während des Studiums und waren ein Jahr verheiratet, als sie 2005 ihre eigene Modelinie gründeten. »Seit ich mich erinnern kann, hat mich das Zeichnen fasziniert«, sagt Yurika Ohara, deren Entwürfe oft als Drucke für die Kollektion verwendet werden. Alle hier zu sehenden Arbeiten stammen von ihr. »Mit einer Zeichnung kann man wichtige Aspekte stark verdeutlichen«, sagt sie, »und zudem ermöglichen sie einen persönlichen Ausdruck.«

»Joy + Love = Perfect«
Kalligrafie-Stift, Pastell-, Bunt-
und Ölstift auf Papier, Mai 2003

»Leaving Monochrome Behind«
Kalligrafie-Stift und Photoshop
auf Papier, Oktober 2006

»Spur of the Moment«
Kalligrafie-Stift und Photoshop
auf Papier, März 2007

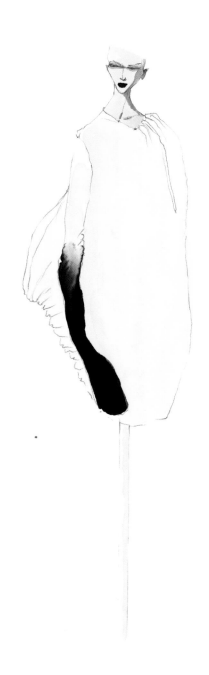

Hanuk

Der in Korea geborene Designer Hanuk Kim wurde am Fashion Institute of Design and Merchandising und der Academy of Art College in San Francisco sowie an der Parsons School of Design in New York und Paris ausgebildet. Er arbeitete mit Patrick Robinson und Narciso Rodriguez zusammen, bis er dann 2000 mit eigenen Accessoires und 2004 mit einer Frauen-Kollektion startete. »Wenn mir etwas Bestimmtes auffällt, zeichne ich es«, erzählt er. »Ich habe fast immer ein Skizzenbuch bei mir. Manchmal reiße ich auch eine Seite heraus und verschenke sie. Damit gebe ich ein Stück von mir her – auf gute Art.«

Alle Abbildungen
Gouache, Tusche und Bleistift auf Papier,
Frühjahr 1995

Beide Abbildungen
Bleistift und Tusche auf Papier,
Winter 2006

Hervé L. Leroux

»Ich halte mich für einen Selfmade-Designer und sage immer, ich habe es gemacht wie die Affen. Ich habe es den anderen abgeschaut«, meint Hervé L. Leroux, dessen eigentlicher Name ironischerweise Léger lautet. Hervé L. Leroux hat für Tan Guidicelli und Karl Lagerfeld gearbeitet und geht seit 1985 eigene Wege. Bekannt geworden ist er durch seine figurbetonten »Bandagen«-Kleider. Für eine Kollektion mit etwa hundert Stücken zeichnet er bis zu tausend Entwürfe. »Was mich betrifft«, sagt er, »ist der Entwurf nur der Anfang. Ein Kleidungsstück erwacht erst dann zum Leben, wenn man mit Stoff und Volumen in drei Dimensionen arbeitet.«

Gegenüberliegende Seite links:
»Striped cotton handknit sweater, denim jeans«
Tusche und Buntstift auf Papier, Herbst 2003 für Target

Gegenüberliegende Seite rechts:
»Pink canvas hunting jacket, black cashmere crewneck, black corduroy jeans, pointed sneakers«
Tusche und Buntstift auf Papier, Herbst 2003 für Target

»Strapeless cashmere kilt gown«
Grafitstift, Buntstift, Aquarellfarbe und Textilmuster auf Papier, Herbst 1989

»Double-breasted trench coats«
Grafitstift, Buntstift und Aquarellfarbe auf Papier, 1982

Black Cashmere crewneck.

Pink Canvas Hunting Jacket (with quilted lining, corduroy collar, Reinforced-stitched elbows.)

Black Corduroy jeans.

Pointed sneakers

Cotton handknit sweater.

Isaac Mizrahi

Der in Brooklyn geborene Designer Isaac Mizrahi studierte an der High School of Performing Arts in New York
Schauspiel, bevor er an der Parsons School of Design seinen Abschluss im Fach Mode machte. Neben der Arbeit an
seiner Kollektion entwirft er seit 2003 für das Massenlabel Target. »Einige Dinge zeichne ich sehr exakt. Ich weiß
genau, wie sie am Ende aussehen sollen. Andere entwickeln sich aus der Skizze. Ich bin da sehr altmodisch. Wenn
ein Kleid bei der Anprobe in Form gebracht wird, ist das die Antwort auf die Stimmung des Entwurfs. Auch wenn
das Kleidungsstück einmal nicht so aussehen sollte wie auf dem Entwurf – es fühlt sich immer so an.«

NACMI #46

74

Double-face stripe
Satin (Hanes)
Coat

Jump suit
(long as short)
Top sheer
Bottom pic qual

Cordula

»Linen and ribbon 'X' dress«
Tusche, Grafitstift und Aquarellfarbe
auf Papier, Frühjahr 1990

»Black-white stripe double-face satin
smock, black sheer opaque jumpsuit«
Tusche, Grafitstift, Aquarellfarbe und
Textilmuster auf Papier, Herbst 1989

Eigens für dieses Buch angefertigte Arbeiten
Papiercollage, 2007

James Thomas

James Thomas wurde in Großbritannien geboren und studierte am Royal College oft Art in London. Heute lebt er in den USA. »Fünf Jahre nachdem ich das Sprechen gelernt hatte, begann ich mit dem Zeichnen von Mode«, sagt der Calvin Klein-Schüler. James Thomas fertigt schnelle Skizzen mit dickem Filzstift oder mit Tusche, aber auch Papiercollagen liegen ihm. »Dabei passieren manchmal Missgeschicke, aber das ist gerade das Interessante an der Entwurfsphase.«

Eigens für dieses Buch
angefertigte Arbeiten
Papiercollage, 2007

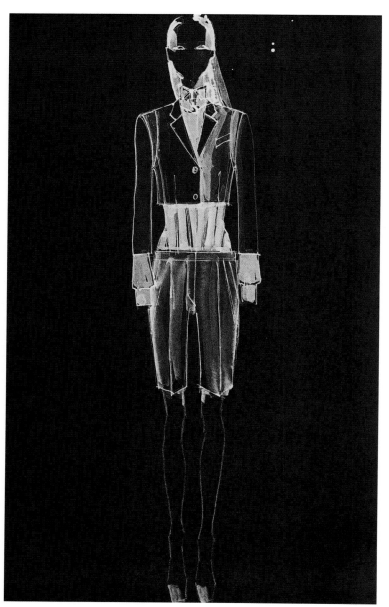
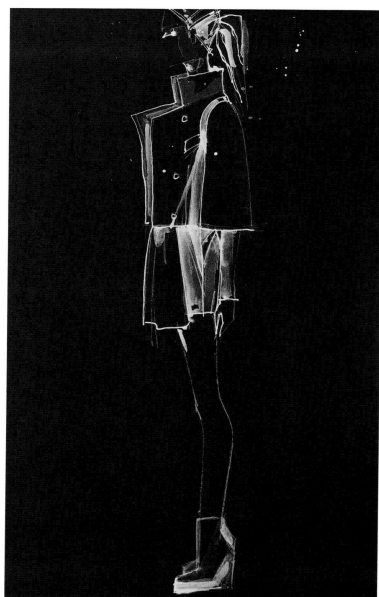

Jens Laugesen

Der aus Dänemark stammende Designer Jens Laugesen lebt und arbeitet in London. Er unterrichtet an der Central Saint Martins – den dortigen Master-Studiengang schloss er 2002 mit Auszeichnung ab. Davor erlangte er ein Diplom am Chambre Syndicale de la Couture Parisienne und einen Master im Bereich Mode-Management am Institut Français de la Mode. Ein Entwurf ist für Jens Laugesen »Zielvorgabe, Traum und Ausgangspunkt – der einzige Weg, eine Idee zu verdeutlichen.« Aber »das fertige Kleidungsstück ist immer besser, denn es ist gründlich durchdacht, reeller und nicht mehr nur die Veranschaulichung einer Idee.«

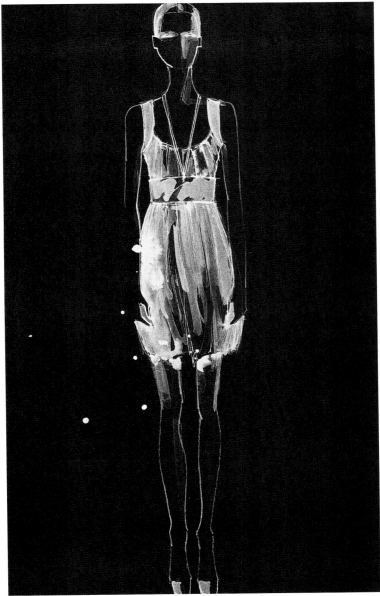

»Future Now 03 / 01«
Tusche auf Papier, Juni 2006

»Future Now 03 / 02«
Tusche auf Papier, Juni 2006

»Future Now 03 / 03«
Tusche auf Papier, Juni 2006

»Future Now 03 / 04«
Tusche auf Papier, Juni 2006

»Day skirtsuit from the centennial
anniversary of Georg Jensen«
Bleistift, Buntstift, Pastellstift
und Pantone auf Papier,
Frühjahr / Sommer 2003

Jørgen Simonsen

Der rastlose Däne hat die ESMOD mit Auszeichnung abgeschlossen. Marisa Tomei trug ein von ihm entworfenes Kleid, als sie 2002 für den Academy Award nominiert war. Nach Aufenthalten in Modehäusern mit hohem Glamour-Faktor wie Chanel, Valentino und Versace, arbeitet Simonsen nun seit mehreren Jahren für sein eigenes Label. »Zeichnen spielt für mich dabei die Hauptrolle«, erklärt er. »Manchmal sage ich scherzhaft, dass ich Computer-Legastheniker bin, aber um ehrlich zu sein glaube ich, dass ich mit meiner rechten Hand viel mehr über meinen künstlerischen Standpunkt ausdrücken kann. Dazu ist die beste Technik einfach nicht in der Lage!«

Gegenüberliegende Seite:
»Ostrich feathered gala evening gown«
Bleistift, Buntstift, Pastellstift und Pantone
auf Papier, Frühjahr / Sommer 2002

»Cocktail ensemble from the
Diana Vreeland collection«
Bleistift, Buntstift, Pastellstift
und Pantone auf Papier,
Herbst / Winter 2005–2006

»Evening gown from the
Diana Vreeland collection«
Bleistift, Buntstift, Pastellstift und
Pantone auf Papier,
Herbst / Winter 2005–2006

»Day skirtsuit from the centennial
anniversary of Georg Jensen«
Bleistift, Buntstift, Pastellstift
und Pantone auf Papier,
Frühjahr / Sommer 2003

»Late 30ties«
Herbst 1939
Pastellstift auf Papier, 2005

Gegenüberliegende Seite:
»Coco between two styles
and two worlds 1950–1960«
Pastellstift auf Papier, 2005

»Early 60ties«
Pastellstift auf Papier, 2005

Karl Lagerfeld

»Ich verliebe mich nicht. Ich liebe nur meinen Beruf«, sagte Karl Lagerfeld, der wohl produktivste Designer seiner
Zeit, 1975 der Zeitschrift *Interview*. Diese Leidenschaft drückt sich nicht nur in der Fülle seines Werks, sondern
auch in seinen lebhaften Zeichnungen aus. Lagerfeld ging als Teenager nach Paris und arbeitete dort als freier
Designer für Häuser wie Patou, Fendi und Chloé. Seit 1983 entwirft er für Chanel, und zudem bringt er eine
eigene Kollektion heraus.

Coco between two styles and two worlds

1950 1960

Michael Vollbracht

Der mit dem Coty Award ausgezeichnete Designer stammt aus Illinois und studierte an der Parsons School of Design in New York. Er arbeitete unter anderem für Geoffrey Beene, Donald Brooks und Bill Blass und entwarf auch die typische »Big Brown Bag« für das Kaufhaus Bloomingdale's. Vollbracht ist für seine Illustrationen bekannt, die im *New Yorker* und der *New York Times* erschienen sind. 1985 veröffentlichte er den Bildband »Nothing Sacred« über sein Leben in New York. Überraschenderweise beginnt er seine Entwürfe nicht mit einer Skizze. »An erster Stelle steht immer der Stoff«, sagt er, »Chanel zum Beispiel hat grundsätzlich keine Zeichnung angefertigt.«

Verschiedene Zeichenmaterialien
auf Papier, 2004

Verschiedene Zeichenmaterialien
auf Papier, 1997

hand-
Belt

Doutzen

matte
jersey

Verschiedene Zeichenmaterialien
auf Papier, 2005

Verschiedene Zeichenmaterialien
auf Papier, 2006

Aquarellfarbe, Kohlestift und Bleistift
auf Papier, 2006

»Little Wide Awake«
Aquarellfarbe, Tusche und Bleistift
auf Papier, 2001

Molly Grad

»Meine Gedanken sind direkt mit dem Stift verbunden«, erzählt Molly Grad, die für ihre Arbeit mit dem Colina Barnes Award und dem Nina De Yorke Award ausgezeichnet wurde. Nach Ende ihrer Wehrpflicht schrieb sich die Israelin an der Central Saint Martins in London ein, wo sie ihren Bachelor und Master mit Auszeichnung erlangte. 2005 gewann sie den Chloé Award für herausragendes Design. Grad entwirft für Stella McCartney und Yves Saint Laurent. »Zeichnen spielt dabei eine wichtige Rolle«, sagt sie. »Die Skizze ist der Ausgangspunkt, an dem die Ideen entstehen, und auch der Abschluss, wenn die detaillierte technische Zeichnung zur Basis für die neue Kollektion wird.«

»Agatha«
Tusche auf Papier, 2005

Ohne Titel
Aquarellfarbe und Bleistift
auf Papier, 2006

Ohne Titel
Aquarellfarbe und Bleistift
auf Papier, 2006

Tusche und Buntstift auf Papier,
Herbst 2007

Tusche und Buntstift auf Papier,
Herbst 2007

Peter Som

»Die Ränder meiner Schulhefte waren voller Modeskizzen«, erzählt der in San Francisco geborene Designer Peter Som. Der Absolvent des Connecticut College und der Parsons School of Design gründete 2001 ein eigenes Label, nachdem er bei Bill Blass, Calvin Klein und Michael Kors Erfahrungen gesammelt hatte. »Ich zeichne immer zuerst einen Entwurf«, erklärt er. »Instinktiv greife ich zum Stift und tauche direkt in die Materie ein. Ich habe noch nie auf das leere Papier gestarrt und nicht gewusst, was ich zeichnen möchte. Sobald der Stift das Papier berührt, geht es wie von selbst.«

Tusche und Buntstift auf Papier,
Frühjahr 2007

»Peter Som für Mandy Moore
(Met Costume Ball 2006)«
Tusche und Buntstift auf Papier,
Frühjahr 2006

»Fiesta: Carnaval«
Tusche auf Papier, 2004

»Ten Piedad: Novicias«
Tusche auf Papier, 2006

Ramírez

»Ich habe mir das Zeichnen selbst beigebracht; es war eigentlich so selbstverständlich wie Laufen oder Sprechen«, erzählt der argentinische Designer Pablo Ramírez, der in Buenos Aires lebt und an der dortigen Universität studiert hat. Er arbeitete mehrere Jahre in der Modebranche, bis er sich 2000 mit seiner eigenen Kollektion »Casta« selbstständig machte. Ramírez ließ sich dabei von den Nonnen inspirieren, die ihn als Kind unterrichtet hatten (er war der einzige Junge unter 36 Mädchen). »Manchmal träume ich davon, nur noch zu zeichnen und nichts mehr mit all den Dingen zu tun zu haben, die anschließend notwendig sind, um ein Kleidungsstück herzustellen.«

Richard Chai

Das *People Magazine* hat Richard Chai 2004 zu einem der »sexiest men alive« gekürt – im selben Jahr gründete der Designer eine eigene Modelinie, nachdem er als Kreativ-Direktor bei Marc Jacobs und TSE Cashmere tätig gewesen war. Aber der Amerikaner koreanischer Herkunft und Absolvent der Parsons School hat für Medienrummel wenig übrig. Er beschäftigt sich lieber mit Schnittmustern und dem richtigen Faltenwurf oder den Details einer technischen Zeichnung. Und wer sind seine treusten Mitarbeiter? Natürlich seine stets mit Bleistift gezeichneten »Mädchen«.

Gegenüberliegende Seite:
Freizeitkollektion
Bleistift auf Papier, 2008

Herbstkollektion
Bleistift auf Papier, 2007

Rodarte

Kate und Laura Mulleavy haben an der University of California in Berkeley studiert – Kate Geschichte und Laura Englische Literatur. »Als wir Kinder waren«, erzählt Laura, »malte Kate immer die schönsten Kostüme, aber ich habe dann meinen Namen darunter gesetzt.« Die Schwestern wurden in Pasadena geboren, wo sie noch heute wohnen und als Zeichnerinnen und Designerinnen arbeiten. »Wir setzen uns zusammen und machen Skizzen«, sagen sie. »Die Ideen entstehen beim Zeichnen, wobei wir keine typischen Kollektionsbilder anfertigen. Wir möchten eher eine Stimmung wiedergeben, eine Leichtigkeit, die auch im fertigen Kleidungsstück zu erkennen sein soll.«

Bleistift auf Papier, 2007   Buntstift und Tusche auf Papier, 2007

Roksanda Ilincic

»Das fertige Kleidungsstück ist eine dreidimensionale Zeichnung«, sagt die in London lebende Designerin Roksanda Ilincic. »Ich finde diesen Prozess faszinierend – wie sich die Stimmung des Entwurfs ändert, wenn er sich in ein reales Kleidungsstück verwandelt, lebendig wird und eine zweite Existenz bekommt.« Roksanda Ilincic stammt aus Belgrad und studierte dort Angewandte Kunst und Design. Ihren Master-Abschluss erlangte sie dann an der Central Saint Martins in London. Beim Zeichnen gibt es »keine Behinderungen durch die Schwerkraft oder Konstruktion«, sagt sie. »Man kann einfach seinen ersten Ideen und seiner Intuition folgen.«

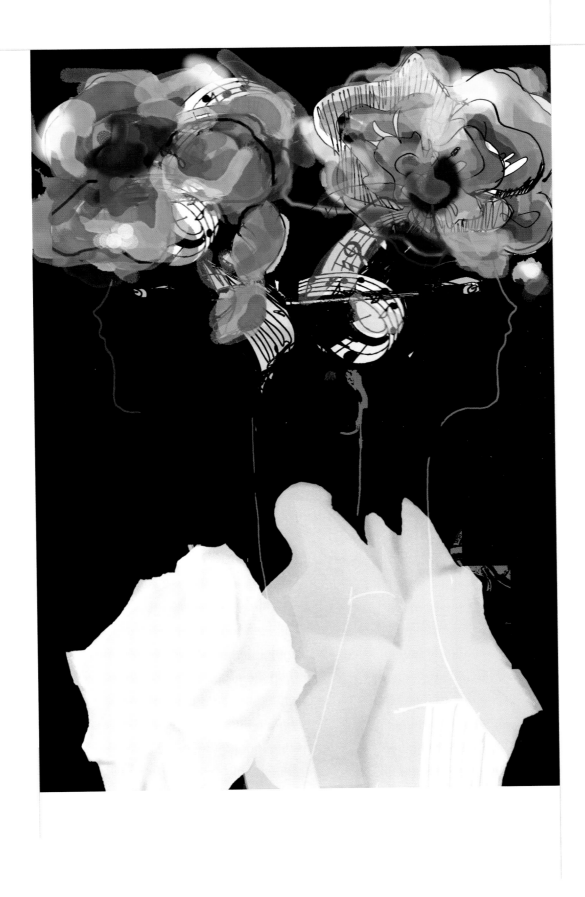

Tusche und Collagetechnik auf
Papier / Computerbearbeitung,
Frühjahr / Sommer 2003

Einladung zur Präsentation einer neuen Kollektion
Tusche und Collagetechnik auf Papier / Computerbearbeitung, Frühjahr / Sommer 2005

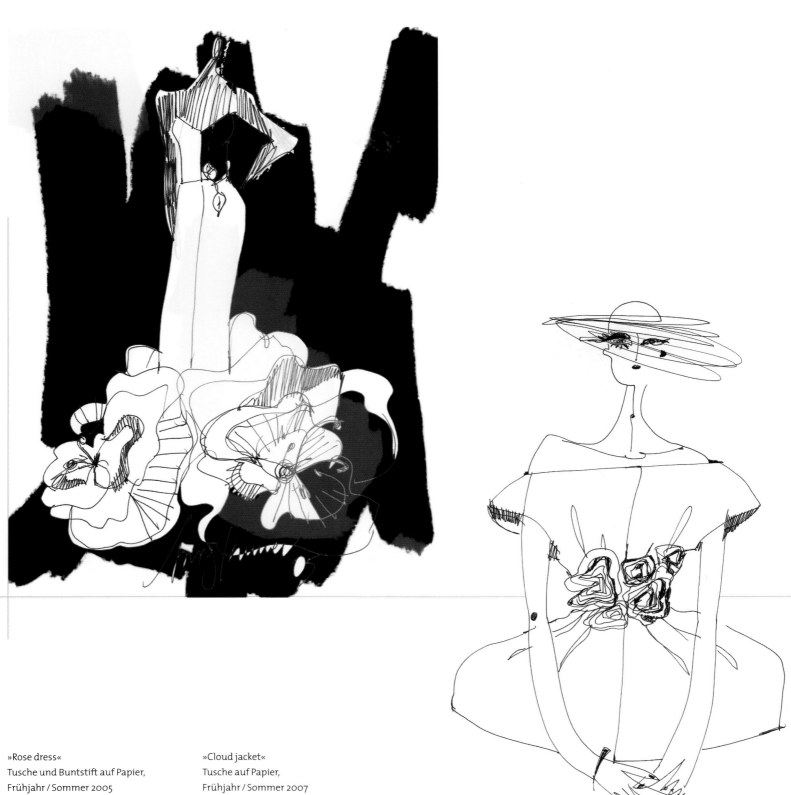

»Rose dress«
Tusche und Buntstift auf Papier,
Frühjahr / Sommer 2005

»Cloud jacket«
Tusche auf Papier,
Frühjahr / Sommer 2007

»Midnight dress«
Tusche auf Papier,
Herbst / Winter 2005–2006

»Black tulip dress«
Tusche auf Papier,
Herbst / Winter 2005–2006

Sonia Rykiel

»Das Zeichnen ist mir so natürlich wie das Sprechen«, erklärt die »Königin der Strickmode« Sonia Rykiel. Die
gebürtige Pariserin (1985 ist sie zum Mitglied der Ehrenlegion ernannt worden) zeichnet Entwürfe, in denen
man bereits die französische Leichtigkeit ihrer Kleider erkennt. »Eine Skizze kann ganz unterschiedliche Realitä-
ten ausdrücken, die bis dahin unvorstellbar waren«, sagt sie. »Zwischen der Hand des Künstlers und seinem
Medium besteht eine direkte persönliche Beziehung. Eine Skizze ist offen, unendlich und fühlbar.«

»Red ruffles«
Mit dem Computer kolorierte Zeichnung
auf Papier, Herbst 2006

Eigens für dieses Buch angefertigte Arbeiten
Tusche auf Papier, 2007

Stephen Burrows

Der in Newark in New Jersey geborene Künstlersohn Stephen Burrows begann schon mit acht Jahren zu nähen, weil er seiner Freundin ein Kleid schenken wollte. Der gefeierte Modeschöpfer ist vor allem für seine Jerseykleider mit gewelltem Saum bekannt. Das Zeichnen lernte er schnell. Er studierte am Philadelphia College of Art und am Fashion Institute of Technology. Stephen Burrows beginnt seine Arbeit immer mit einer Skizze – »so finde ich die richtige Stimmung und Haltung für meine neue Kollektion«, erklärt er. »Anschließend versuche ich, den Entwurf zum Leben zu erwecken – im wahrsten Sinne des Wortes.«

Tusche auf Papier, 1973

»It's about content«
Aquarellfarbe und Collagetechnik
auf Papier, 2007

»Chevalier«
Aquarellfarbe auf Papier, 2007

Stephen Burrows

Der in Newark in New Jersey geborene Künstlersohn Stephen Burrows begann schon mit acht Jahren zu nähen, weil er seiner Freundin ein Kleid schenken wollte. Der gefeierte Modeschöpfer ist vor allem für seine Jerseykleider mit gewelltem Saum bekannt. Das Zeichnen lernte er schnell. Er studierte am Philadelphia College of Art und am Fashion Institute of Technology. Stephen Burrows beginnt seine Arbeit immer mit einer Skizze – »so finde ich die richtige Stimmung und Haltung für meine neue Kollektion«, erklärt er. »Anschließend versuche ich, den Entwurf zum Leben zu erwecken – im wahrsten Sinne des Wortes.«

Verschiedene Zeichenmaterialien
auf braunem Papier, 1989

Knit

Knit

Susan Cianciolo

Über Susan Cianciolo hieß es bereits, sie sei »der Liebling der New Yorker Modeszene, das Ragamuffin-Girl der Kreativen«. Die auf Rhode Island geborene Absolventin der Parsons School of Design ist eine Multimedia-Künstlerin: Sie malt, dreht Filme, illustriert und entwirft Mode. 1995 stellte sie ihre Kollektion RUN vor, die aus einfachen Kleidungsstücken mit Do-it-yourself-Elementen besteht und als Installationskunst ausgestellt wurde. »Ich möchte immer wissen, was als Nächstes kommt«, sagt Susan Cianciolo. »Eine Zeichnung ist abstrakt, und sie erklärt mir, was werden wird und welche Geschichte ich erzählen und entwickeln soll. Ich verlasse mich da ganz auf sie.«

»The Intervention«
Aquarellfarbe und Collagetechnik auf
Papier, 1983

Eigens für dieses Buch angefertigtes Bild
Aquarellfarbe auf Papier, 2007

»The Thinker«
Bleistift, Tusche, Aquarellfarbe und Klebeband
auf Papier, 2001

Terexov

»Nach Abschluss der Schule ist das berufliche Skizzieren zu meinem Hobby geworden«, sagt Alexander Tere-khov, der Zeichenkurse belegte, bevor er sich am Moskauer Modeinstitut einschrieb. Anschließend arbeitete er als Praktikant bei Yves Saint Laurent. »Zeichnen ist wie Yoga für mich.« Trotzdem muss Terekhov eingestehen: »Das fertige Kleidungsstück entspricht dem ursprünglichen Entwurf höchstens zu zwanzig Prozent.« Denn: »Bei der Arbeit mit dem Stoff merkt man oft, dass man umdenken muss. Die fertigen Kleidungsstücke sollen nicht von der Erscheinung ihres Trägers ablenken und dennoch eine besondere Wirkung haben.«

Alle Abbildungen
Tusche und Aquarellfarbe auf Papier, 2003

Alle Abbildungen
Tusche und Buntstift auf Papier,
Herbst / Winter 2007

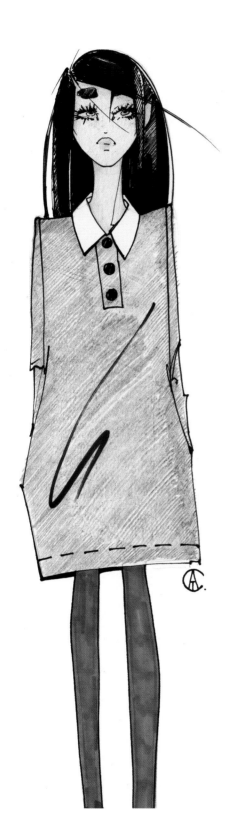

Tibi

Amy Smilovic wuchs in einer Künstlerfamilie in Georgia auf und besuchte Kurse im Modellzeichnen. 1997 zog sie nach Hongkong und gab eine Karriere in der Marketingbranche auf, um fortan Mode zu gestalten. Man mag es Schicksal nennen – jedenfalls betreibt sie heute ein erfolgreiches Unternehmen in Soho, New York. »Zeichnen«, sagt sie, »ist immer das erste, was ich tue. Aber manchmal kann ich tage- oder sogar wochenlang nichts aufs Papier bringen. Doch wenn ich eine Eingebung habe und alles stimmt, muss ich den Moment nutzen – egal, wo. Manchmal greife ich sogar im Kino zu Stift und Papier. Wunderbar, wenn eine Idee einfach so aus einem herausströmt!«

Drei eigens für dieses Buch
angefertigte Zeichnungen
Bleistift und Tusche auf Papier, 2007

Einladung zur Präsentation einer
neuen Kollektion
Bleistift und Tusche auf Papier, Herbst 2007

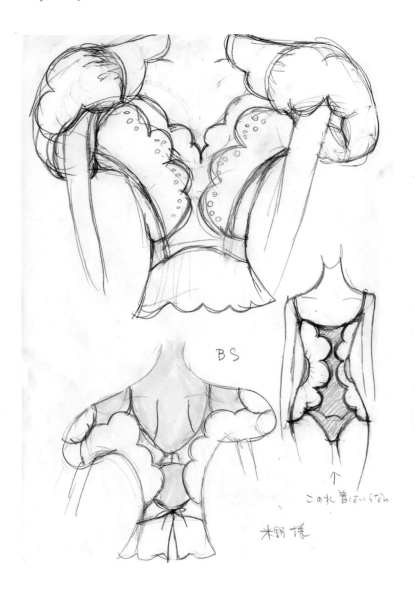

Tsumori Chisato

Tsumori Chisato bewundert Kinderzeichnungen und die Illustrationen der finnischen Künstlerin Tove Jansson (berühmt für ihre »Mumins«). 2006 stellte die Designerin mit der Kollektion Kawaii ihre ersten Kunstwerke vor. Chisato stammt aus Tokio und studierte am Bunka Fashion College, bevor sie 1977 zu Issey Miyake ging und dort Chefdesignerin für Issey Sport wurde. Dreizehn Jahre später half ihr Miyake beim Aufbau einer eigenen Modelinie, für die sie oft außergewöhnliche Druckmotive entwirft. Tsumori Chisato verrät: »Als Kind träumte ich immer davon, Manga-Künstlerin zu werden.«

カねゴム糸で

細かいギャザー

すごい長いそ

137

植松さい

Bleistift und Tusche auf Papier,
Frühjahr 2007

Bleistift und Tusche auf Papier,
Herbst / Winter 2007–2008

TULEH-95·98
ANTICIPATION
FOR LIFE, LOVE, SEX, & FASHION...

Beide Abbildungen
»Anticipation«
Tusche auf alten Zeitschriftenblättern
2007, für das Frühjahr 2008

Tuleh

Bryan Bradley absolvierte mehrere Praktika in New Yorker Modehäusern, bis er 1998 das Label Tuleh gründete. Inspiration sind für ihn »alle Frauen, die sich selbstbewusst kleiden möchten«. Was es mit dem Namen Tuleh auf sich hat, verrät er nicht. Einmal heißt es: »Ich fand, der Schriftzug würde sich gut auf einem Flakon machen«, dann wieder: »Es war ein Druckfehler auf den Einladungen zu unserer ersten Präsentation, und wir haben ihn erst bemerkt, als die Karten schon verschickt waren«, und schließlich: »Ich hab vergessen, was er bedeuten soll«. Dieser Sinn für Humor steckt auch in Bradleys Skizzen – »wenn man genau hinschaut, entdeckt man die versteckte Botschaft.«

CON
GRA
TUL
ATI
ONS

5 APRIL
2007
NYC

Eigens für dieses Buch angefertigte Zeichnung
Tusche auf Papier, April 2007

Tusche auf Papier,
Frühjahr / Sommer 2004

Tusche auf Papier,
Frühjahr / Sommer 2007

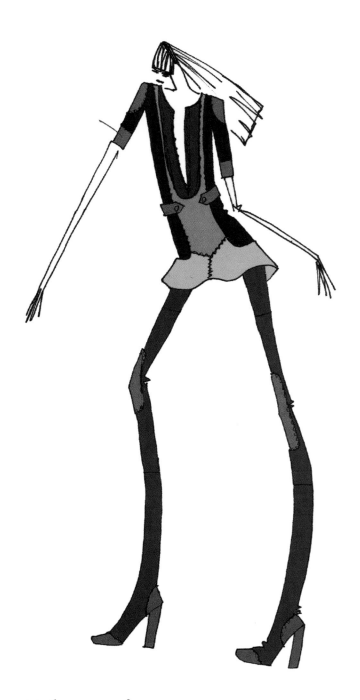

Véronique Leroy

»Ich bin die Französin unter den belgischen Designern«, hat Véronique Leroy einmal gesagt. Sie stammt aus Liège und arbeitet heute in Paris. 1984 schrieb sie sich am Studio Berçot ein und arbeitete anschließend bei Didier Renard, Azzedine Alaïa und Martine Sitbon. 1990 begann Véronique Leroy dann mit einer eigenen Kollektion. »Das Feminine ist und bleibt mein erstes Interesse«, sagt sie. »In jeder meiner Kollektionen steckt Weiblichkeit und Sexualität, nur jeweils zu verschiedenen Anteilen.«

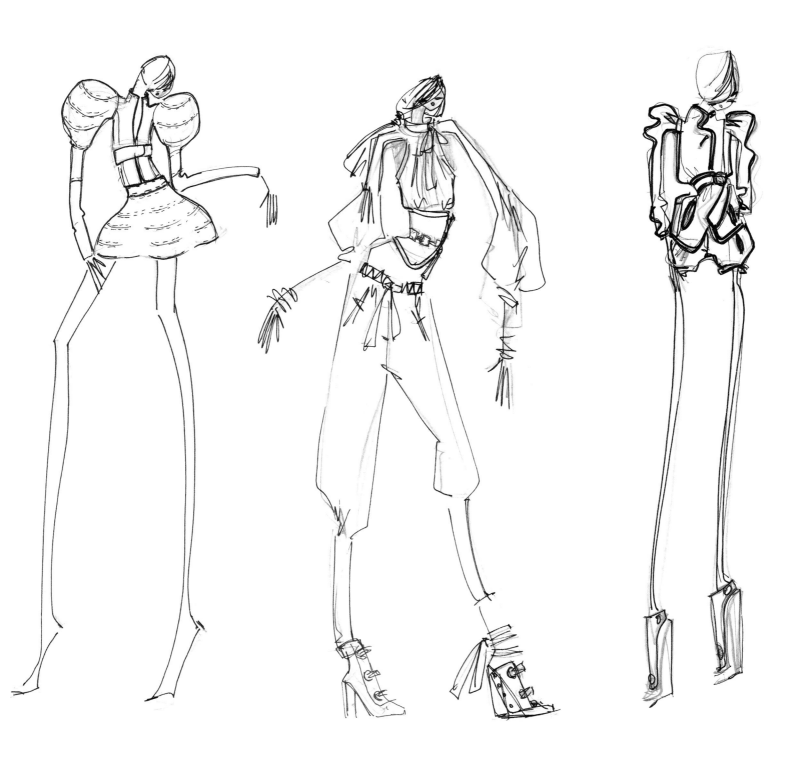

Tusche auf Papier,
Herbst / Winter 2006–2007

Tusche auf Papier,
Frühjahr / Sommer 2005

Tusche auf Papier,
Frühjahr / Sommer 2007

»Revolution«
Tusche und Farbstift auf Papier,
Winter 2001–2002

Tusche und Farbstift auf Papier,
Winter 1996–1997

Walter van Beirendonck

»Ich genieße es immer sehr, wenn ich zeichnen und meine Fantasie gebrauchen kann!«, sagt der belgische Designer Walter van Beirendonck. Neben der Arbeit an seiner Kollektion leitet er die Modeabteilung an der Königlichen Akademie in Antwerpen, wo er auch studiert und lange Jahre gelehrt hat. Für seine Angestellten fertigt Walter van Beirendonck technische Zeichnungen an. Für seine eigene Arbeit zeichnet er lose Skizzen, mit denen er sich einen »Gesamteindruck« verschafft. »In der Ausführung«, sagt er, »haben meine Entwürfe dieselbe Wirkung wie in der Skizze. Die Zeichnung erwacht quasi zum Leben.«

»Gender?«
Tusche und Farbstift auf Papier,
Sommer 2000

»Twinkle Twinkle Little Star«
Tusche und Farbstift auf Papier,
Sommer 1994

Tusche auf Papier, 1998

Wunderkind (Wolfgang Joop)

»Meine Hand ist das kreative Medium für die Kollektion«, sagt Wolfgang Joop, der 1970 einen von einer Zeitschrift gesponserten Design-Wettbewerb gewann. 1981 gründete er das Label Joop!, um dann 2001 seine Anteile an dem Unternehmen zu verkaufen und drei Jahre später Wunderkind ins Leben zu rufen. Während der sechziger Jahre, als es verboten war, Kollektionen während der Show zu fotografieren, hatte Joop als Journalist und Zeichner in Paris gearbeitet. Damals eilte er aus den Präsentationen heraus, um das Gesehene möglichst schnell auf Papier festzuhalten. »Das Zeichnen ist seitdem die wahrhaftigste, schnellste und kommunikativste Kunst, die ich beherrsche.«

To Caird
16.2.007

Wunderkind
Cashmere
Dress
Fall/Winter
7/8

Bleistift und Tusche auf Papier,
Herbst / Winter 2007–2008

Tusche und Aquarellfarbe
auf Papier,
Frühjahr / Sommer 2007

Tusche und Aquarellfarbe
auf Papier, Textilmuster,
Herbst / Winter 2007

Y&Kei Water the Earth

Hinter diesem Label verbirgt sich das Ehepaar Gene Kang und Hanii Yoon, die beide in Korea geboren wurden und später Mode in San Fransisco studierten. Während Yoon eigentlich nur »aus der Notwendigkeit heraus« zeichnet, fließen Kangs Entwürfe nur so aufs Papier. Alle hier zu sehenden Arbeiten stammen von ihm. Skizzen sind zwar ein wichtiger Teil der Arbeit, aber die beiden halten nur selten an ihnen fest. »Wir möchten die Ideen im Fluss halten, indem wir immer wieder umdenken. Diese asiatische Zen-Philosophie hilft uns, den Kopf frei zu bekommen und von Neuem anzufangen«, erklärt Gene Kang.

Yoshikazu Yamagata

»Ich zeichne immer eine ganze Bildergeschichte, wenn ich etwas entwerfe. So finde ich einen persönlichen Ausdruck für meine Mode«, erklärt Yoshikazu Yamagata. Der preisgekrönte Absolvent der Central Saint Martins lebt und arbeitet in Japan. »Ich möchte mich von anderen Designern absetzen und meinen eigenen Stil verfolgen«, erklärt er. »Im Grunde geht es mir um den eigenen Ausdruck. Ich interessiere mich für Mode, weil ich den Wunsch habe, mich mitzuteilen. Als Kind hatte ich wenig Selbstvertrauen und kein großes Star-Talent. Erst die Mode gab mir die Möglichkeit, mit Leidenschaft und Freude auszudrücken, was ich sagen möchte.«

»A Long Story«
Tusche auf Papier, Frühjahr 2003

»The Weather Girl Collection«
Bleistift und Tusche auf Papier, Winter 2002

»The Weather Girl Collection«
Bleistift und Tusche auf Papier,
Winter 2002

»Hommage à Braque«,
Frühjahr / Sommer 1988

»Le Smoking«,
Herbst / Winter 1966

Yves Saint Laurent

In einer Dokumentation aus dem Jahr 2002 sagte der legendäre Modeschöpfer: »Wenn ich zum Stift greife, weiß ich nicht, was ich zeichnen werde. Ich habe keine vorgefertigte Idee. Es ist der Zauber des Augenblicks. Ich beginne mit einem Frauengesicht, und dann entwickelt sich auf einmal ein Kleid, das Stück nimmt Form an. Mich überrascht dieser Ansturm von Ideen, diese Fähigkeit, Kleidung zu ersinnen, immer wieder auf Neue. Niemand ist erstaunter darüber als ich. Wenn der Entwurf fertig ist, bin ich sehr glücklich. Manchmal funktioniert es, manchmal auch nicht. Dann muss man etwas anderes tun. Aber man wird auf jeden Fall erneut zu Papier und Stift greifen.«

»Lady in orange frilled dress« aus Zandra
Rhodes handgemalter Kollektion
Zeichenstift, Aquarellfarbe und Goldstift
auf Papier, 2001

Lady in orange frilled dress.

Zandra Rhodes für Pologeorgis Furs,
erschienen in der Zeitschrift *Pelice
Moda Fur World*
Schwarzer Zeichenstift und Pentel-
Pinsel auf Papier, 2003

Zandra Rhodes
for
POLOGEORGIS FURS.

Yellow Mongolian lamb Chubby
with horizontal inserts of
Tie dyed muskrat.

Zandra Rhodes

Suzy Menkes schrieb 2005 in einem Artikel für den *International Herald Tribune*: »Das Faszinierende an Zandra Rhodes sind ihre Zeichnungen und die Art und Weise, wie sie einen papiernen Entwurf in ein dreidimensionales Kleidungsstück verwandelt.« Das Zeichnen war schon immer eine Leidenschaft der Designerin. Als Studentin zeichnete sie jeden Tag Entwürfe und nahm ihr Skizzenbuch sogar mit ins Bett. Heute ist die Absolventin der Medway Colleges of Art Trägerin des Britischen Ordens. Sie zeichnet am liebsten im Urlaub. Was dient ihr als Inspiration? »Organische Stoffe und die Natur.«

Tusche auf Papier,
Herbst 2004

Tusche auf Papier,
Herbst 2004

CHARCOAL
WOOL · FLANNEL
BACK · BELTED · BLAZER
w
IVORY · CHARCOAL · FEATHER · PRINT · FOX
TUXEDO · COLLAR
+
MATCHING HIP · HUGGING · BOOTLEG · JEAN
WORN
BEADED GREY + CHARCOAL IVORY MEDALLION
LACE · BABYDOLL
FALL · 2005

Zang Toi

Lange, bevor er 1992 vom König von Malaysia zum Ritter geschlagen wurde, bemalte Zang Toi »Theke, Fußboden, Wände und Kassenbücher im Gemischtwarenladen meiner armen Eltern«. Mit Achtzehn ging er von Zuhause fort und gelangte über Toronto nach New York, wo er die Parsons School of Design besuchte. 1989 eröffnete er sein eigenes Atelier. Toi, der stets mit schwarzem Tintenroller auf weißem Papier zeichnet, erklärt, dass ein Entwurf »immer wieder neu skizziert wird, bis das Stück genau so aussieht, wie ich es mir vorgestellt habe. Die Zeichnung ist die ursprüngliche Vision eines Entwurfs, in der ein magischer Moment meiner Arbeit festgehalten wird.«

BLACK
ROYAL FOX + FEATHERS
QUEEN·BEES
WRAP
WORN

BLACK·COUTURE·SILK·DUCHESS
SATIN
BARONESS DE·ROTHCHILD SKIRT
w/ BEADED TIGER + DRAGON

FALL·2004

ROPES + ROPES
OF
DIAMOND
DRAPED
over
NAKE·BODICE

IVORY
SILK·VELVET
BLOUSE

w/

IVORY·LACE·ASCOT
WORN

Greys·Blue·Ivory
House of Toi
TARTAN
MINI·KILT
FALL·2001

Beide Abbildungen
Tusche auf Papier, Herbst 2001

IVORY
SILK · VELVET
EVENING · SHIRT
+
IVORY · CHANTILLY · LACE ASCOT
WORN

GREYS · BLUE · IVORY
SATIN ORGANZA
"House of Toi"
TARTAN
KILTED
BALLSKIRT

FALL 2011

Kontakt

3.1. Phillip Lim
www.31philliplim.com

Aitor Throup
www.aitorthroup.com

Alena Akhmadullina
www.alenaakhmadullina.com

Anna Molinari (Rossella Tarabini)
www.annamolinari.it

Antonio Berardi
www.antonioberardi.com

Antonio Ciutto
www.antonuociutto.co.uk

Badgley Mischka
www.badgleymischka.com

Bas Kosters
www.baskosters.com

Basso & Brooke
www.bassoandbrooke.com

Betsey Johnson
www.betseyjohnson.com

Boudicca
www.platform13.com

Bruno Frisoni
www.brunofrisoni.com
www.rogervivier.com

Bruno Pieters
www.brunopieters.com

Burfitt
www.burfitt.com

Chapurin
www.chapurin.com

Michael Vollbracht
Eigens für dieses Buch
angefertigte Zeichnung
Pastellstift auf Papier, 2007

Christian Lacroix
www.christian-lacroix.fr

Christian Wijnants
www.christianwijnants.com

Christopher Kane
studiochristopherkane@googlemail.com

Costello Tagliapietra
www.jcrt.net

Denis Simachëv
www.denissimachev.com

Doo.ri
www.doori-nyc.com

Elise Øverland
www.eliseoverland.com

Gary Graham
www.garygraham.com

Generra (Pina Ferlisi)
www.generra.com

Giambattista Valli
www.giambattistavalli.com

Gianfranco Ferré
www.gianfrancoferre.com

Giles
info@mocommunications.com

Gilles Rosier
www.gillesrosier.fr

Givenchy (Riccardo Tisci)
www.givenchy.com

Gustavo Arango
www.gustavoarango.com

Hall Ohara
www.hallohara.com

Hanuk
www.hanuk.com

Hervé L. Leroux
www.hervelleroux.com

Isaac Mizrahi
www.isaacmizrahiny.com

James Thomas
info@jamesthomas.com

Jens Laugesen
www.jenslaugesen.com

Jørgen Simonsen
Nur nach Absprache: +33 6 72 08 75 23

Karl Lagerfeld
www.chanel.com
www.karllagerfeld.com

Molly Grad
info@mollygrad.com

Peter Som
www.petersom.com

Ramírez
www.pabloramirez.com.ar

Richard Chai
www.rchai.com

Rodarte
www.rodarte.net

Roksanda Ilincic
www.roksandailincic.com

Sonia Rykiel
www.soniarykiel.com

Stephen Burrows
www.stephenburrows.com

Susan Cianciolo
info@susancianciolo.com

Terexov
www.terexov.com

Tibi
www.tibi.com

Tsumori Chisato
www.a-net.com

Tuleh
tulehnyc@aol.com

Véronique Leroy
www.veroniqueleroy.com

Walter van Beirendonck
www.waltervanbeirendonck.com

Wunderkind (Wolfgang Joop)
www.wunderkind.de

Y&Kei Water the Earth
www.yandkei.com

Yoshikazu Yamagata
www.yoshikazuyamagata.jp

Yves Saint Laurent
www.ysl.com

Zandra Rhodes
www.zandrarhodes.com

Zang Toi
zangtoi@houseoftoi.com

Nur die verfügbaren
Kontaktinformationen
sind angegeben.

Danksagung

Ich möchte mich bei allen Menschen bedanken, die dazu beigetragen haben, dass dieses Buch erscheinen konnte. *Merci bien* an alle Künstler und ihre Teams. Tausend Dank an: Phillip Lim und Erin Roberts; Aitor Throup; Alena Akhmadullina; Rossella Tarabini, Emanuela Barbieri, Flaminia d'Onofrio und Alessandra Marini bei Blufin; Antonio Berardi und Luca Oroni; Antonio Ciutto; Mark Badgley, James Mischka und Rob Caldwell; Bas Kosters und Arthur Rambonnet; Bruno Basso und Christopher Brooke; Betsey Johnson und Agatha Szczepaniak; Brian Kirkby, Zowie Broach und Sarah Broach bei Boudicca; Bruno Frisoni, Mariah Chase und Lidia Cerutti bei Roger Vivier; Bruno Pieters und Karolien Van de Velde; Lovisa Burfitt und Kajsa Leanderson Laforge; Igor Chapurin, Alina Kovelenova und Anna Volokhova; Christian Lacroix und Bérangère Broman; Christian Wijnants; Christopher Kane und Tammy Kane; Jeffrey Costello, Robert Tagliapietra und Sammy; Denis Simachëv und Anna Dyulgerova; Doo-Ri Chung; Elise Øverland; Gary Graham; Pina Ferlisi und Sean Krebs; Giambattista Valli, Srdjan Prodanovic und Pauline; Giorgiana Magnolfi und Cristina De Rosas bei Gianfranco Ferré; Giles Deacon; Gilles Rosier; Riccardo Tisci, Caroline Deroche Pasquiet, Claus Estermann und Claire Vital bei Givenchy; Gustavo Arango und Carolina Rodriguez; Yurika Ohara; Hanuk Kim; Hervé L. Leroux und Mariannick Vachat; Howard Tangye; Isaac Mizrahi, Korey Provencher und Jenny Lurie; James Thomas; Jens Laugesen und Victoria; Jørgen Simonsen; Karl Lagerfeld, Gretchen Gunlocke Fenton, Gerhard Steidl und Neil Palfreyman; Michael Vollbracht; Molly Grad; Peter Som, Marina und Hallie Chisman; Pablo Ramírez, Soledad und das Team Ramírez; Richard Chai; Kate und Laura Mulleavy und Mr Mulleavy bei Rodarte; Roksanda Ilincic; Sonia Rykiel und Michelle Melton; Stephen Burrows und John Robert Miller; Susan Cianciolo, Danielle Kurtz und Sara Castro; Alexander Terekhov und Anna Grigorieva; Amy Smilovic und Liz Walker bei Tibi; Tsumori Chisato; Bryan Bradley und Chellis Stoddard bei Tuleh; Véronique Leroy und Jean-François Pinto; Walter Van Beirendonck; Wolfgang Joop, Marita Gottinger und Sarah-Jane Godman; Hanii Yoon und Gene Kang von Y&Kei Water the Earth; Yoshikazu Yamagata; Robin Fournier-Bergmann und Julien-Loïc Garin für Yves Saint Laurent bei der Fondation Pierre Bergé (die Zeichnungen von Yves Saint Laurent wurden mit freundlicher Genehmigung der Fondation Pierre Bergé abgedruckt); Zandra Rhodes, Christiana und Jill McGregor; Zang Toi und Nana.

Molto grazie an all meine Kollegen in der Verlags-, Mode- und PR-Branche. Ihre fachkundige Hilfe war von unschätzbarem Wert. Mein Dank gilt im Einzelnen: Albert Kriemler, Eva Seiber und Silvia Bussert bei Akris; Alexander Hertling von Totem PR; Alexandre Roux; Alexis Arnault bei KCD; Alison Beckner bei A-Net; Allison Sklaney; Ana Carolina Coelho bei Bill Blass; Angelo Sensini von Angelo Sensini Communication; Anne Valerie Hash; Ava Scanlan bei KPR; Bonnie Bien bei La Presse; Bonnie Morrison bei KCD; Brian Phillips bei Black Frame; Caillianne, Samantha und Chloe Beckermann; Carrie Ellen Phillips bei BPCM; Cathy Horyn; Cathy Sohn bei Press Office; Cédric Edon bei Karla Otto; Charlotte Niel bei Suchel Presse; Christine Oh bei BPCM; Christophe Decanin bei Balmain; Clementine Chevalier bei Zero Maria Cornejo; Coromoto Atencio; Courtney Kretchman bei KPR; David Wilfert; Dee Salomon; Diesel ITS; Dirk Standen; Eugenia Rebolini; Farryn Weiner bei Zac Posen; Fiona daRin; Giuliana Cohen Camerino; Greg Mills von Greg Mills PR; Hana Kim bei Bill Blass; Hervé Pierre Jason Wu; Jelka Music; John Huynh von AEFFE; Jonathan Green bei KCD; Joy Jaffe; Judith Stora und Emanuel Ungaro; Katou Brandsma und Michele Montagne; Lindsay Thomoson von Art & Commerce; Mandi Lennard von Mandi Lennard PR; Maria Cornejo; Maria Squaldi bei Guitar; Marie Le Cerf bei Angelo Sensini Communication; Marie Moatti bei BPCM; Matthew Williamson und Stephanie Wheatley; Mauricio Padhilla bei MAO PR; Megan Salt bei der HL Group; Molly Linden bei KCD; Nicole Phelps; Nima Abbasi bei Fly; Olivier Costa bei BPCM; Peter Dundas; Prabal Gurung bei Bill Blass; Roger Padhilla bei MAO PR; Sarah Cristobal; Sebastien de Brito bei Totem PR; Shoji Fuji; Stephen Torres; Teppei; Tim Blanks; Trevor Tian bei Black Frame.

Tack så mycket an mein Lebensrettungsteam, bestehend aus meinem Mann, Carl Fredrik Persson und meinen Eltern. *Muchas gracias* an Candy Pratts Price. Ohne meine Kollegen bei Thames & Hudson gäbe es dieses Buch nicht. Tausend Dank an die unvergleichliche Jamie Camplin, an Jenny Wilson, Karolina Prymaka und Helen Farr. Ich erhebe symbolisch mein Glas auf sie – *Cheers*!

Yoshikazu Yamagata
»The Naughty Boy Steals a Jacket from a Monster's House«
Bleistift, Tusche und Aquarellfarbe auf angesengtem Papier
Frühjahr 2004